파라코드 매듭 스트랩 100

메르헨 아트 스튜디오 지음 | 강수현 옮김

한스미디어

들어가며

컬러풀하고 스타일리시하면서 튼튼한 파라코드 스트랩은 스마트폰을 단단히 고정해주어 이미 많은 스마트폰 유저의 필수품이지요. 직접 만든다면 그날그날의 기분이나 패션에 맞춰 배색과 디자인을 다양하게 즐길 수도 있습니다.

이 책에는 '아웃도어 코드', '슬림 코드', '아웃도어 로프'를 사용한 약 30cm의 쇼트 스트랩 100종의 디자인과 만드는 방법을 다룹니다.

기본 매듭과 응용만으로 만들 수 있는 것부터 매듭 몇 가지를 조합한 디자인까지 무궁무진하게 변형할 수 있습니다. 일단 하나를 만들어보면 재밌어져서 한 개, 또 한 개 하고 계속 만들고 싶어질 게 분명합니다.

상업적 이용 OK

이 책에 실린 작품은 메르헨 아트의 '아웃도어 코드', '슬림 코드', '아웃도어 로프'를 사용하는 조건으로 개인에 한해 상업적 이용이 가능합니다. 판매할 때는 《파라코드 매듭 스트랩 100》에 실린 작품이라는 점과 사용한 재료를 밝혀주세요. 또한 이 책의 복사, 스캔, 디지털화 등의 무단복제는 저작권법상의 예외를 제외하고 금합니다.

Contents

스트랩이란

종류와 사용법

이 책에 소개하는 스트랩은 길이 약 30cm의 일반
적으로 '쇼트 스트랩'이라 불리는 타입입니다. 엔드
타입(→ P.5)은 3종이고, 모두 원하는 종류의 카라비
너를 끼울 수 있습니다. 카라비너를 스마트폰과 케이
스 사이에 끼운 '스마트폰 태그 패치'의 구멍에 연결
만 하면 장착 완료입니다. 가방에서 스마트폰을 꺼
낼 때나 떨어지지 않게 튼튼히 고정하고 싶을 때 유
용한 쇼트 스트랩이 됩니다.

준비하기

만들고 싶은 디자인을 찾았다면, 먼저 재료를 준비
해 모든 코드와 로프를 [재료]에 적혀 있는 길이로
자릅니다. 다음은 모든 코드와 로프 끝을 '준비의 마
지막 단계'인 '불에 녹여서 마감'합니다. 단, 불에 녹
여서 마감할 수 없는 메탈릭 타입은 제외입니다. 작
업하는 도중에 내부 재료가 비어져 나오지 않게 하기
위한 작은 노력이지만, 이렇게 해두면 매듭을 만들기
가 한결 쉬워지므로 잊지 마세요.

쇼트 스트랩 사용법

스트랩 끝의 고리나 링에 카라비너를 끼웁니다.

양 끝을 카라비너에 끼우고, 그 카라비너를 스마트폰
태그 패치의 고리에 연결합니다.

'준비의 마지막 단계' 불에 녹여서 마감하기

사용하는 코드나 로프를 필요한
길이로 잘랐으면 끝을 라이터 불
아래쪽에 대어 그슬립니다. 이
작업은 몸에 배도록 해주세요.

엔드 타입 **A**

고리형 코드 캡 형태

중심 끈으로 '아웃도어 로프'를 사용한 작품으로, 코드 끝에 금속 고리가
달린 캡을 씌워서 마무리합니다. 로프 끝에 매듭이나 고리를 만드는 수고
가 줄어들고 깔끔하게 완성할 수 있지만, 길이를 조절할 수는 없습니다.

엔드 타입 **B**

'아웃도어 로프'의 고리 형태

중심 끈으로 '아웃도어 로프'를 사용한 작품으로, 코드 끝에는 금속 캡을
씌워서 보호하고, 고리는 로프의 '에반스 매듭'(→ P.84)으로 만듭니다.
큼직한 매듭이 디자인의 포인트가 되고, 매듭을 움직여서 로프의 길이를
조절할 수도 있습니다.

엔드 타입 **C**

'코드'의 고리 형태

중심 끈으로 '아웃도어 코드' 또는 '슬림 코드'를 사용한 작품으로, 양 끝
에 코드로 고리를 만들고 '래핑 매듭'(→ P.82~83)으로 고리를 고정합니
다. 이 책에 실린 작품 중에서 가장 많은 타입을 차지합니다. 길이 조절은
할 수 없습니다.

작품 응용하기

자유롭게 응용을

제목의 '100'이라는 숫자에 이끌려 이 책을 집어 들기는 했지만 '쇼트 스트랩밖에 없잖아'라고 생각하지는 않았나요? 맞습니다. 전부 쇼트 스트랩입니다. 하지만 '큰 것은 작은 것을 겸한다'가 아닌 '작은 것은 큰 것을 겸한다'로, 쇼트 스트랩은 의외로 활용 범위가 넓습니다.

스트랩 하나만 있어도 스마트폰에 거는 것뿐 아니라 가방 손잡이나 카메라 스트랩, 키 홀더로도 쓸 수 있습니다. 그런데 카라비너로 2개를 연결하면 약 60cm, 3개를 연결하면 약 90cm, 4개를 연결하면 약 120cm가 됩니다. 이렇게 길이만 달라져도 활용도는 한층 높아진답니다. 7쪽은 예시일 뿐입니다. 길이를 연장할 때 어떤 디자인, 어떤 색상을 조합하는지에 따라 나만의 오리지널 디자인이 탄생하니까요.

로프만 길게 하는 방법도!

게다가 만들고 싶은 디자인이 중심 끈으로 '아웃도어 로프'를 사용하는 타입이라면, 로프를 원하는 길이로 바꿔 길게 할 수도 있습니다. 이때는 로프의 재단 치수에 만들고 싶은 길이에 대한 부족분을 더하면 됩니다. 길이를 연장한 로프의 어느 부분에 매듭을 배치할지는 자유입니다.

이런 식으로 길이든 조합이든 자유롭게 응용할 수 있는 이유는 쇼트 스트랩이어서입니다. 디자인과 색상 조합을 다양하게 시도하며 시행착오를 겪어보는 것도 하나의 재미가 될 거예요. 쇼트 스트랩은 조합도 사용법도 무한대이니 도전해보세요.

1 strap

가방 손잡이로

2 or 3 straps

에코백 어깨끈으로

4 straps

연결해서 롱 스트랩으로

Additional Idea

로프를 길게 해 롱 스트랩으로

01   02   03

strap

01-03
만들기

먼저 '아웃도어 코드' 작품으로 기본 매듭과 마감법을 배워보겠습니다. 스트랩 3개는 디자인은 같고 색이 다릅니다. 레이스 매듭의 고리 부분에는 뭔가를 걸 수도 있어요.

[매듭 종류] 꽃돌기 매듭 / 교차 레이스 매듭 / 한매듭 / 피시테일 매듭 / 래핑 매듭 Ⓐ·Ⓒ

01-03

[재료]

아웃도어 코드

a : 230cm × 1줄

b : 115cm × 2줄

라운드 카라비너

(바깥지름 27mm × 안지름 20mm, 실버) … 1개

※ 카라비너 거는 방법은 4쪽을 참조한다.

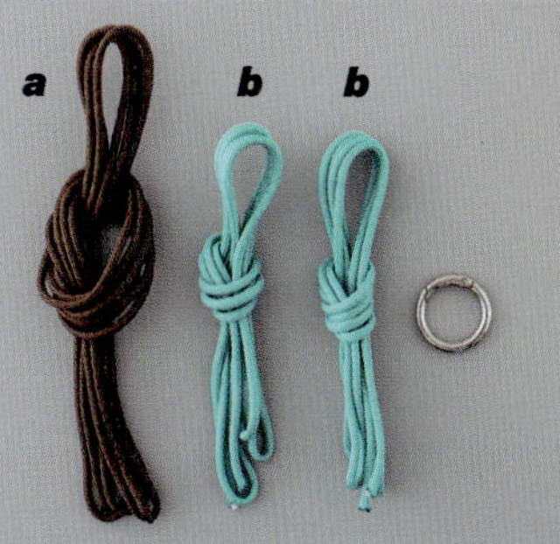

[01·02·03 배색]

	01	02	03
a	리플렉터 그레이 (1632)	브라운 (1649)	베이지 (1659)
b	그린 (1626)	아쿠아마린 (1628)	다크 레드 (1657)

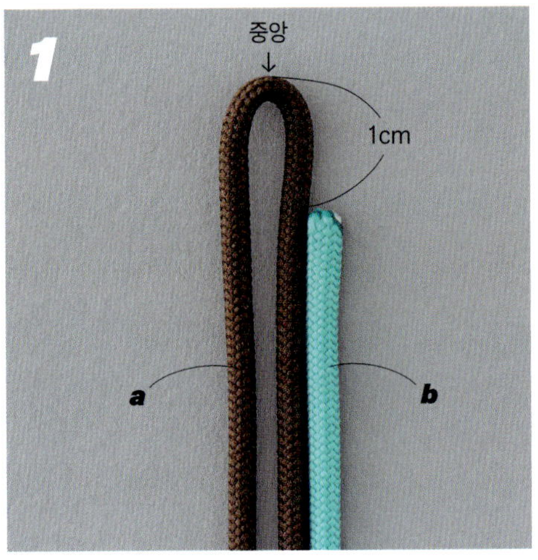

a를 반으로 접고, 접은 곳에서 1cm 아래에 ***b*** 1줄을 가지런히 놓는다.

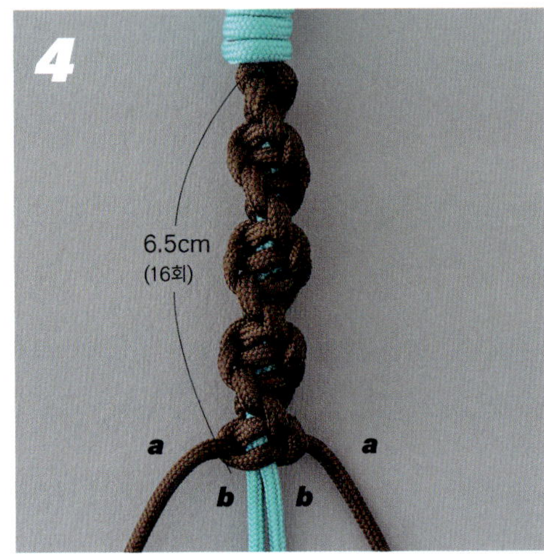

다른 ***b*** 1줄을 끝에서 4.5cm 접고, 끝자락을 ***a*** 고리 끝과 맞춰 나란히 놓는다.

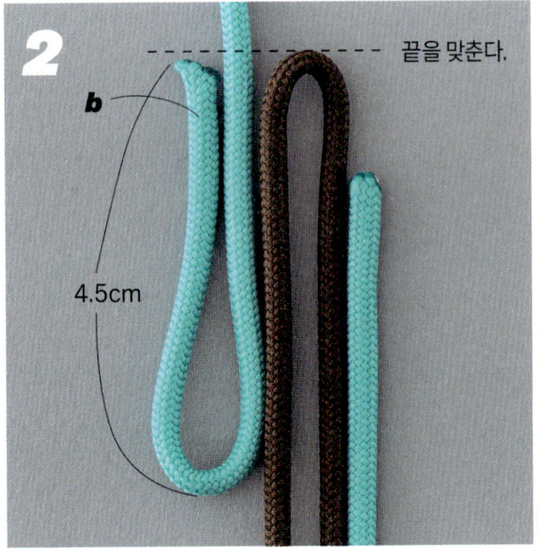

2에서 나란히 놓았던 ***b***를, ***2*** 사진에 있는 5줄의 코드 (***a*** 2가닥 + ***b*** 3가닥)에 감아서 2.5cm(7회 감기)의 래핑 매듭 Ⓐ(→ P.82)를 한다.

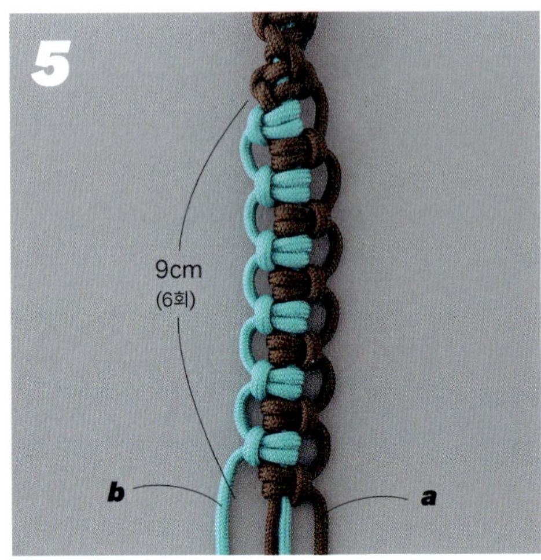

b 2가닥을 중심 끈으로 해 ***a*** 2가닥으로 평돌기 매듭 (→ P.89)을 6.5cm(16회) 한다.

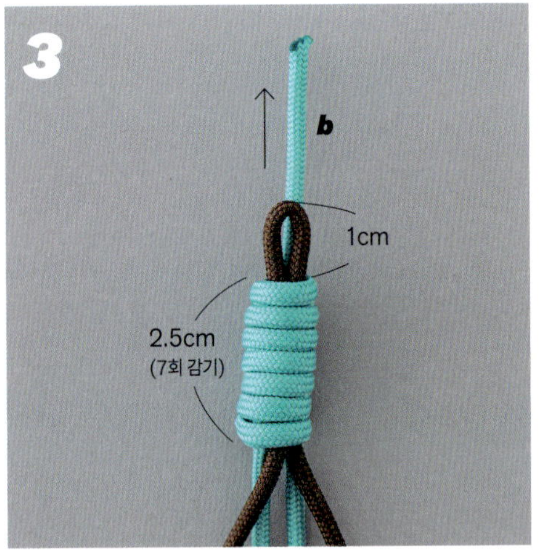

a와 ***b*** 각 1줄을 중심 끈으로 하고, 나머지 ***a***와 ***b***로 교차 레이스 매듭(→ P.94)을 9cm(6회) 한다. 교차 레이스 매듭은 ***b***(왼쪽 레이스 매듭)부터 시작한다.

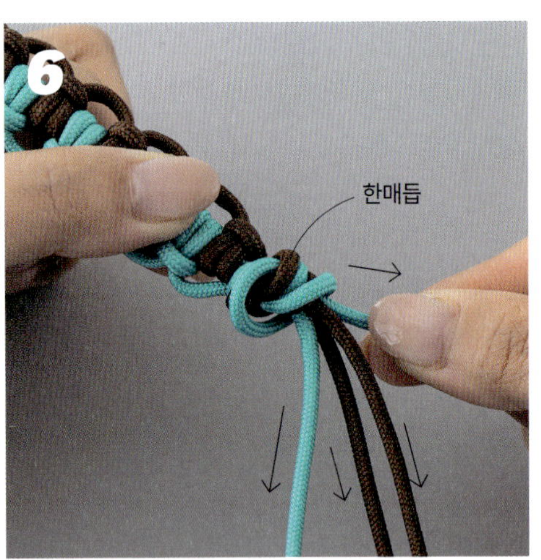

a 2가닥과 ***b*** 2가닥, 4줄을 합쳐서 한매듭(→ P.82)을 한다. 여러 가닥을 묶을 때는 1줄씩 당겨서 정리하는 것을 추천한다.

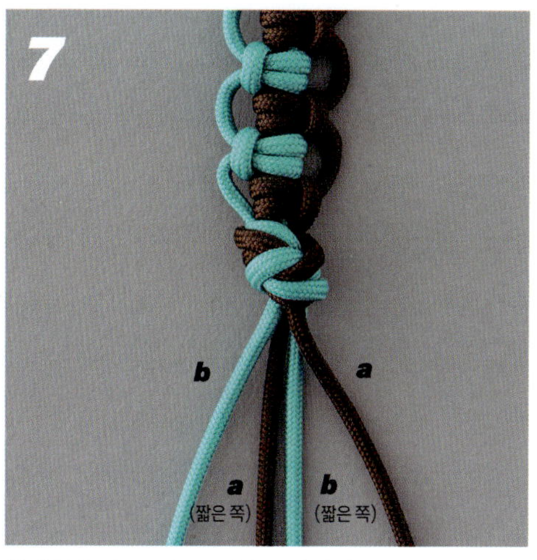

한매듭을 묶은 모습. 그다음 피시테일 매듭을 하기 위해 **a**와 **b**의 각각 짧은 끈을 안쪽에 놓는다.

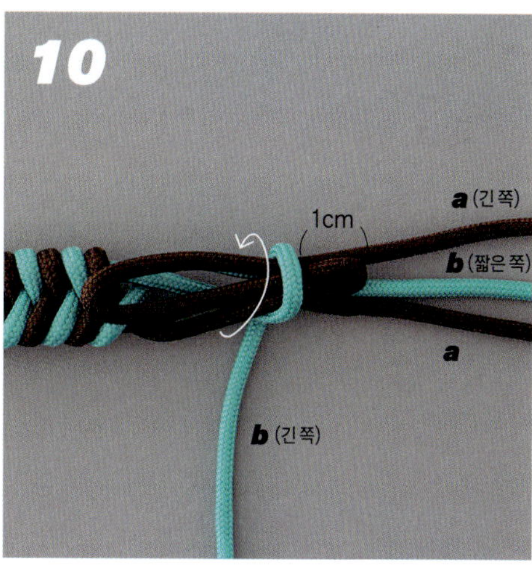

방향을 바꾸고, **a**(긴 쪽)의 3.5cm 고리 끝을 1cm 남기고 **a** 전부와 **b**(짧은 쪽)에 **b**(긴 쪽)를 감아서 2.5cm(7회 감기)의 래핑 매듭 ⓒ(→ P.83)를 한다.

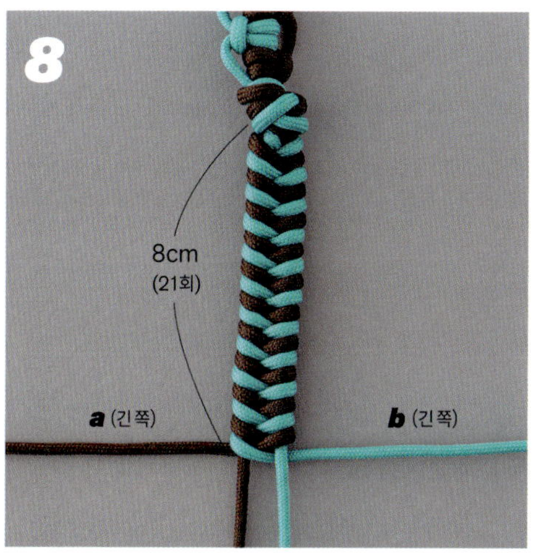

a(짧은 쪽)와 **b**(짧은 쪽) 2가닥을 중심 끈으로 두고, **a**(긴 쪽)와 **b**(긴 쪽)로 피시테일 매듭(→ P.85)을 8cm(21회) 한다. 피시테일 매듭이 끝나면 **a**가 왼쪽이, **b**가 오른쪽이 된다.

래핑 매듭의 줄은 안에 들어가는 줄을 왼손으로 누르면서 탄탄히 감으면 깔끔하다. 단, 지나치게 빡빡하지 않게 주의한다.

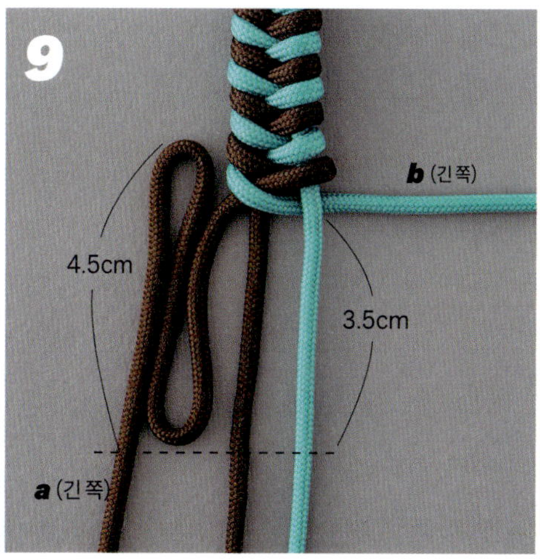

a(긴 쪽)를 피시테일 매듭이 끝난 곳에서 3.5cm 내려와 접고, 다시 4.5cm 위치에서 접는다.

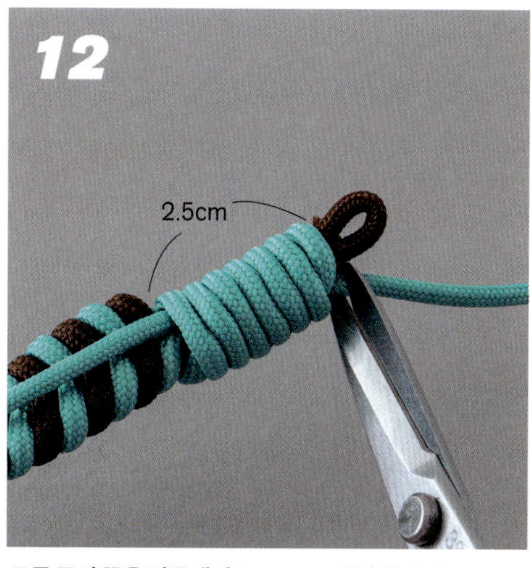

모든 끈의 끝을 밑동에서 2~3mm 위치에서 자르고 불에 녹여서 마무리(→ P.81)한다. 완성이다.

04

05

06

strap
04-06
만들기

중심 끈으로 로프를 사용하는 스트랩의 기본적인 기법을 설명합니다. 로프 끝에 고리 매듭을 지어 길이를 조절할 수 있는 타입이에요.

[매듭 종류] 에반스 매듭 / 교차 돌려엮기 / 돌감기 / 래핑 매듭 Ⓐ·Ⓓ

04-06

[재료]

아웃도어 로프 (6mm)

a : 75cm × 1줄

아웃도어 코드

b : 150cm × 1줄

c : 165cm × 1줄

코드 캡 (6mm, 실버) … 2개

라운드 카라비너

(바깥지름 27mm × 안지름 20mm, 실버) … 1개

※ 카라비너 거는 방법은 4쪽을 참조한다.

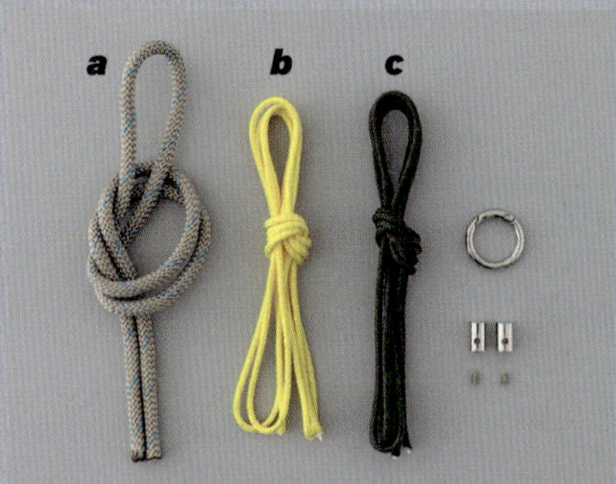

[04·05·06 배색]

	04	05	06
a	네온 라임 (1821)	네온 핑크 (1823)	골드 (1826)
b	멀티 실버 (1793)	레인보우 카모 (1638)	옐로 (1624)
c	애시 블루 (1647)	블루 그레이 (1670)	아미 그린 (1641)

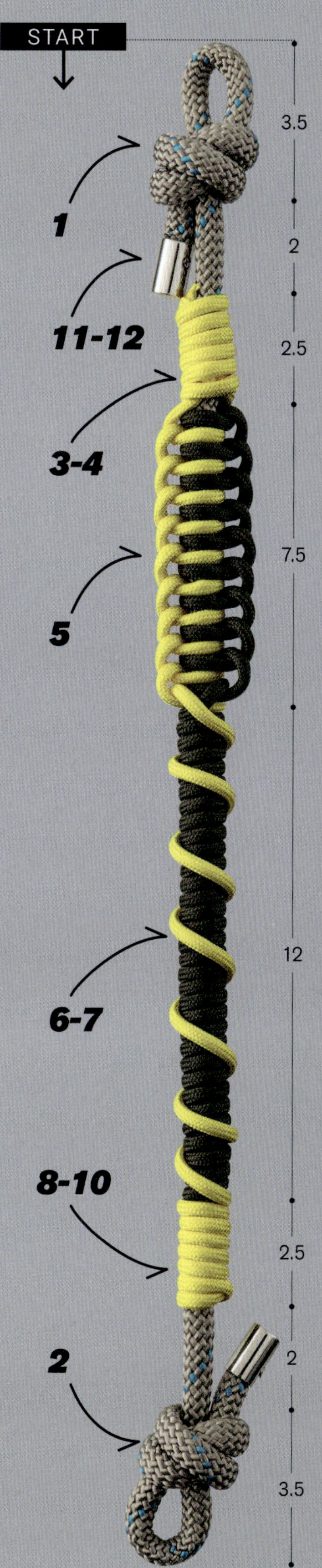

"#

*a*를 끝에서 20cm 위치에서 접고, 2회 감기의 에반스
매듭(→ P.84)을 한다.

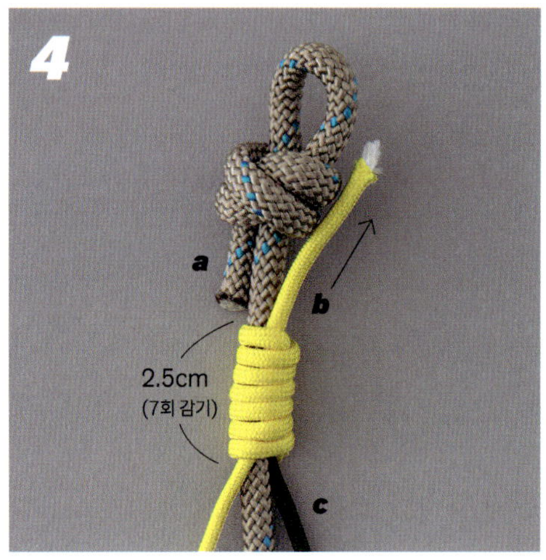

a 반대쪽 끝도 *1*과 마찬가지로 에반스 매듭을 짓고, 각
매듭의 위치를 조절해 고리 길이를 2cm로 만든다.
※ 클립보드를 사용한다면 여기에서 클립보드에 끼운다.

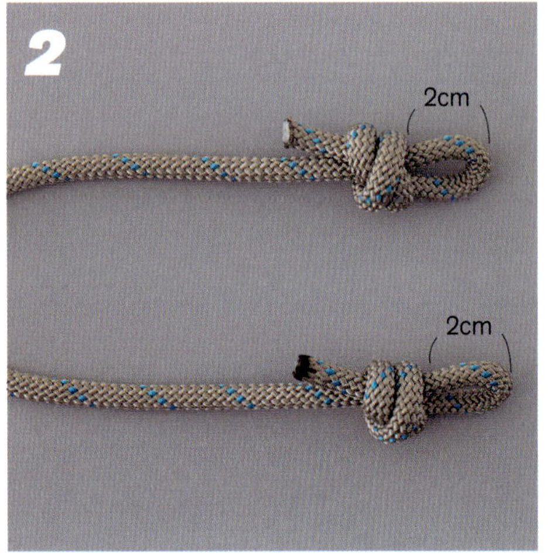

*1*의 매듭에서 2cm 아래에 *c*를 놓고, *b*를 끝에서
4.5cm 접은 다음 그 끝을 *c* 끝에서 1cm 위로 맞춰 놓
는다.

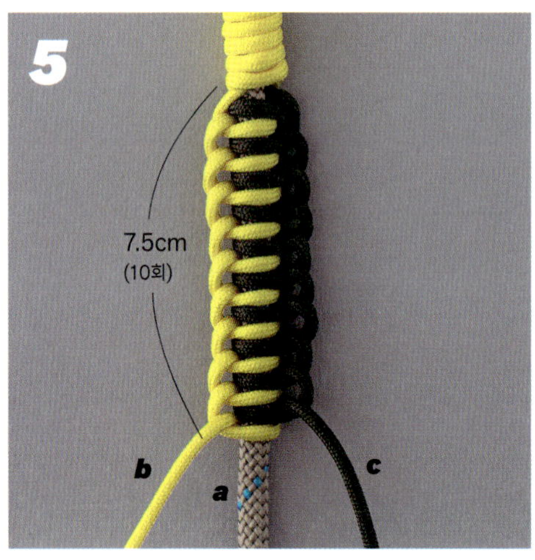

*b*를 *a*와 *c*, 접은 *b*에 감아 2.5cm (7회 감기)의 래핑
매듭 Ⓐ(→ P.82)를 한다.

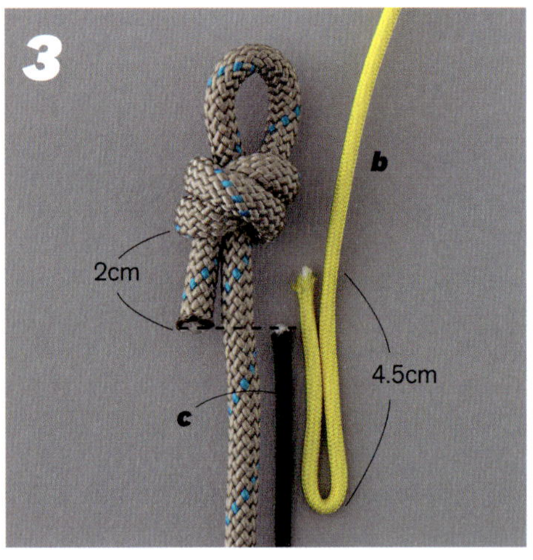

*b*를 왼쪽에, *c*를 오른쪽에 두고 *a*를 중심 끈으로 해
*b*와 *c*로 교차 돌려엮기(→ P.94)를 7.5cm (10회) 한다.

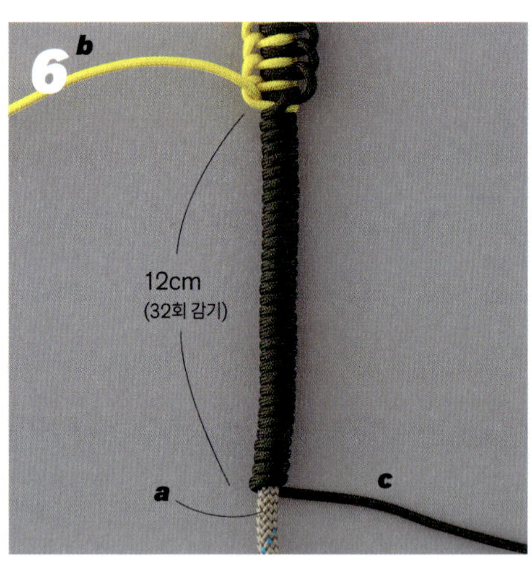

*a*를 중심 끈으로 해 *c*로 롤 감기(→ P.87)를 12cm
(32회 감기) 한다.

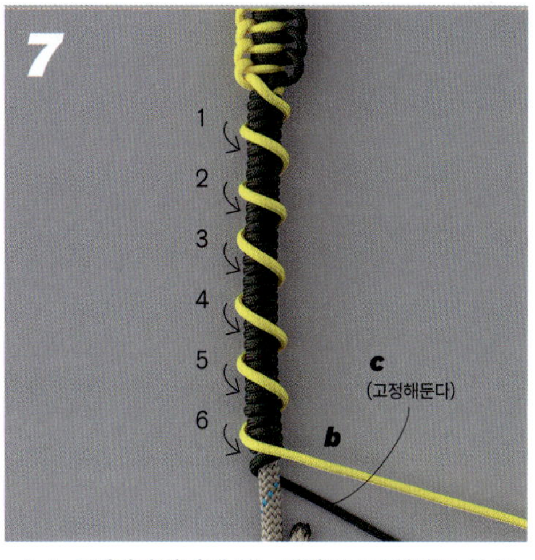

c는 느슨해지지 않게 핀 또는 테이프로 고정하고, 롤 감기를 한 위에 겹쳐 위에서 아래 방향으로 **b**를 느슨하게 6회 감고, 마지막에는 끈을 오른쪽으로 뺀다.

로프(**a**)를 제외한 모든 끈의 끝을 밑동에서 2~3mm 위치에서 자르고, 불에 녹여서 마감한다(→ P.81).

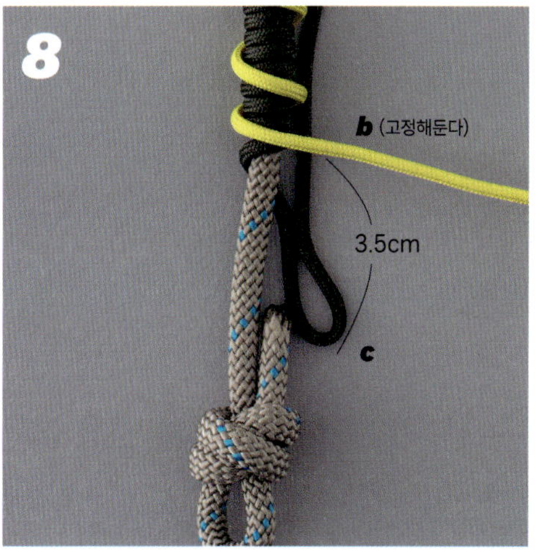

b는 느슨해지지 않게 핀 또는 테이프로 고정해두고, **c**를 매듭 끝에서 3.5cm 위치에서 접는다.

로프 끝을 비스듬히 자르고 불에 녹여서 마감한다 (→ P.4). 사선으로 자르면 코드 캡을 쉽게 붙일 수 있다.

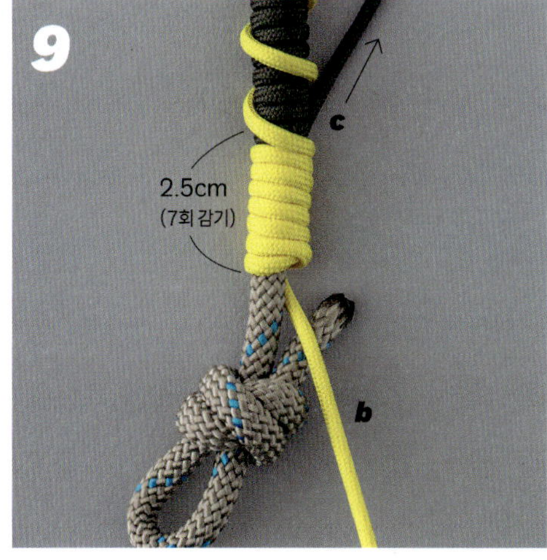

b를 **a**와 **c** 고리에 감아 2.5cm(7회 감기)의 래핑 매듭 Ⓓ(→ P.83)를 한다.

로프 끝에 코드 캡을 씌우고, 정밀 십자드라이버로 캡의 나사를 조인다. 반대쪽도 마찬가지로 마무리하면 완성이다.

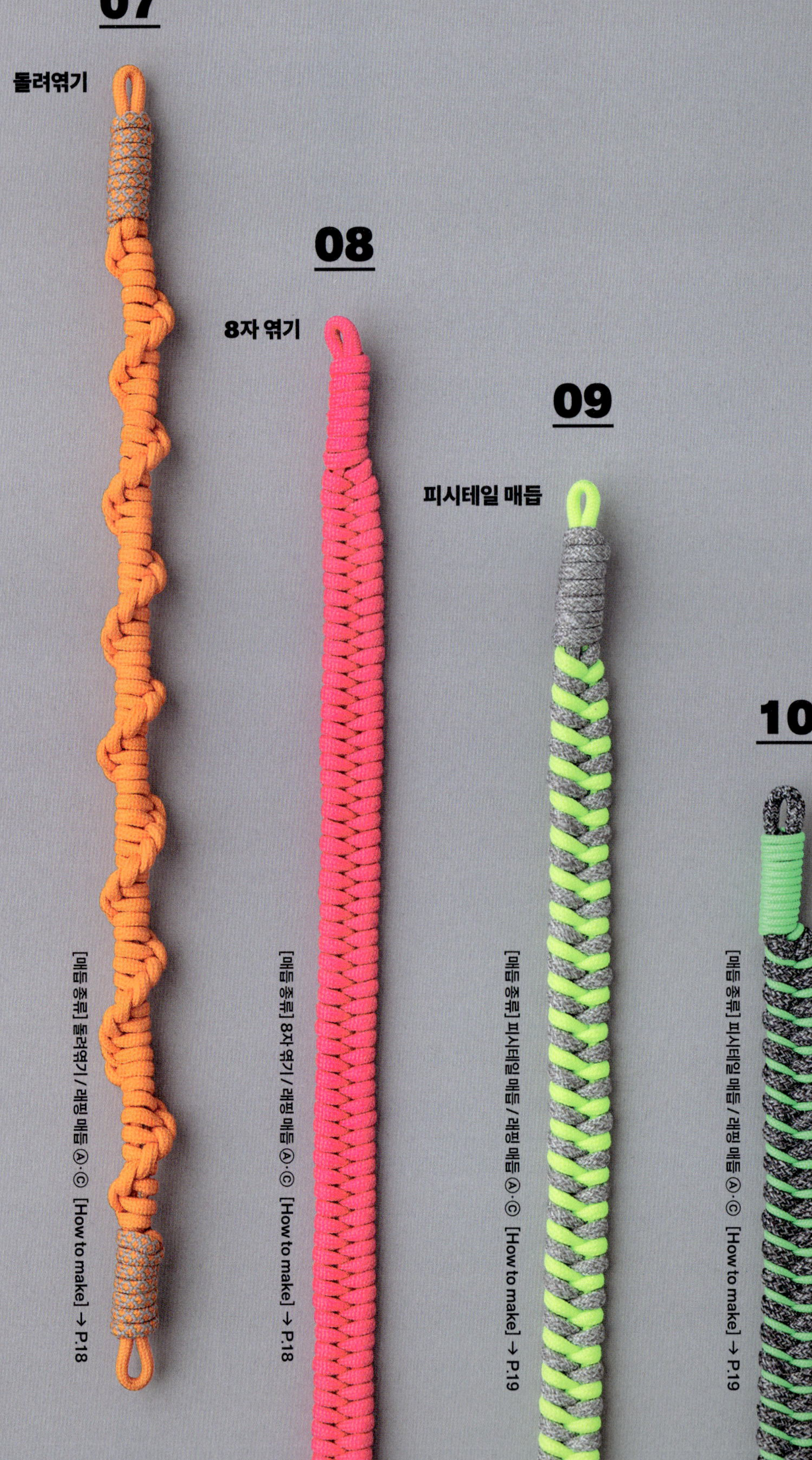
07
돌려엮기
08
8자 엮기
09
피시테일 매듭
10
[매듭 종류] 돌려엮기 / 래핑 매듭 Ⓐ·Ⓒ　[How to make] → P.18
[매듭 종류] 8자 엮기 / 래핑 매듭 Ⓐ·Ⓒ　[How to make] → P.18
[매듭 종류] 피시테일 매듭 / 래핑 매듭 Ⓐ·Ⓒ　[How to make] → P.19
[매듭 종류] 피시테일 매듭 / 래핑 매듭 Ⓐ·Ⓒ　[How to make] → P.19

11
3줄 땋기
[매듭 종류] 3줄 땋기 / 래핑 매듭 Ⓑ·Ⓒ [How to make] → P.19
12
[매듭 종류] 3줄 땋기 / 래핑 매듭 Ⓐ·Ⓒ [How to make] → P.19
13
[매듭 종류] 3줄 땋기 / 래핑 매듭 Ⓐ·Ⓒ [How to make] → P.19

[재료]

아웃도어 코드
a : 오렌지 (1623) **290cm × 1줄**
b : 허니콤 오렌지 (1654) **80cm × 1줄**

[재료]

아웃도어 코드
a : 네온 핑크 (1770) **100cm × 1줄**
b : 네온 핑크 (1770) **280cm × 1줄**

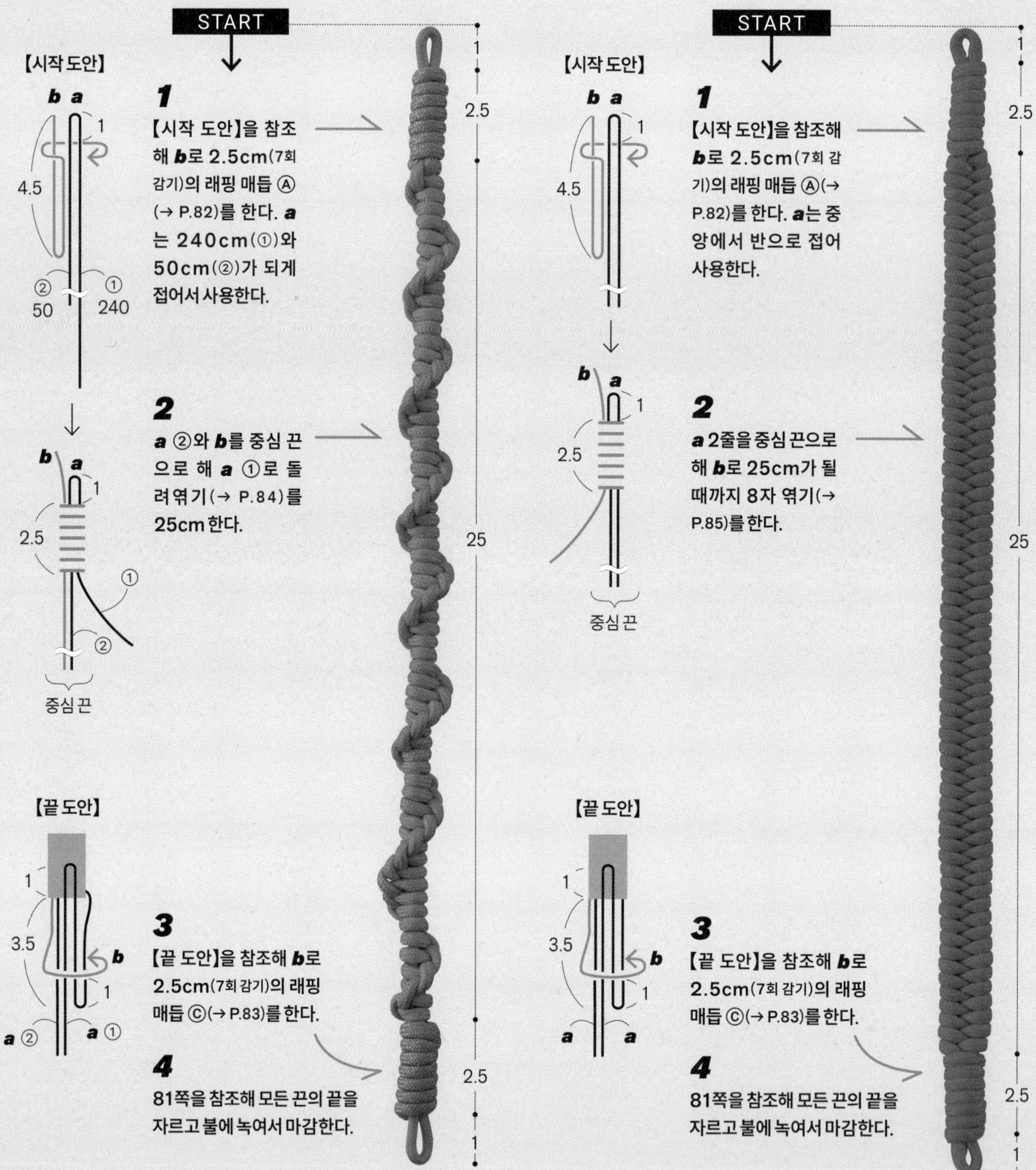

START

【시작 도안】

b a
1
4.5
② ①
50 240

1

【시작 도안】을 참조해 **b**로 2.5cm(7회 감기)의 래핑 매듭 Ⓐ (→ P.82)를 한다. **a**는 240cm(①)와 50cm(②)가 되게 접어서 사용한다.

b a
1
2.5
①
②
중심 끈

2

a ②와 **b**를 중심 끈으로 해 **a** ①로 돌려 엮기(→ P.84)를 25cm 한다.

【끝 도안】

1
3.5
b
1
a ② **a** ①

3

【끝 도안】을 참조해 **b**로 2.5cm(7회 감기)의 래핑 매듭 Ⓒ(→ P.83)를 한다.

4

81쪽을 참조해 모든 끈의 끝을 자르고 불에 녹여서 마감한다.

1
2.5
25
2.5
1

START

【시작 도안】

b a
1
4.5

1

【시작 도안】을 참조해 **b**로 2.5cm(7회 감기)의 래핑 매듭 Ⓐ(→ P.82)를 한다. **a**는 중앙에서 반으로 접어 사용한다.

b a
1
2.5
중심 끈

2

a 2줄을 중심 끈으로 해 **b**로 25cm가 될 때까지 8자 엮기(→ P.85)를 한다.

【끝 도안】

1
3.5
b
1
a **a**

3

【끝 도안】을 참조해 **b**로 2.5cm(7회 감기)의 래핑 매듭 Ⓒ(→ P.83)를 한다.

4

81쪽을 참조해 모든 끈의 끝을 자르고 불에 녹여서 마감한다.

1
2.5
25
2.5
1

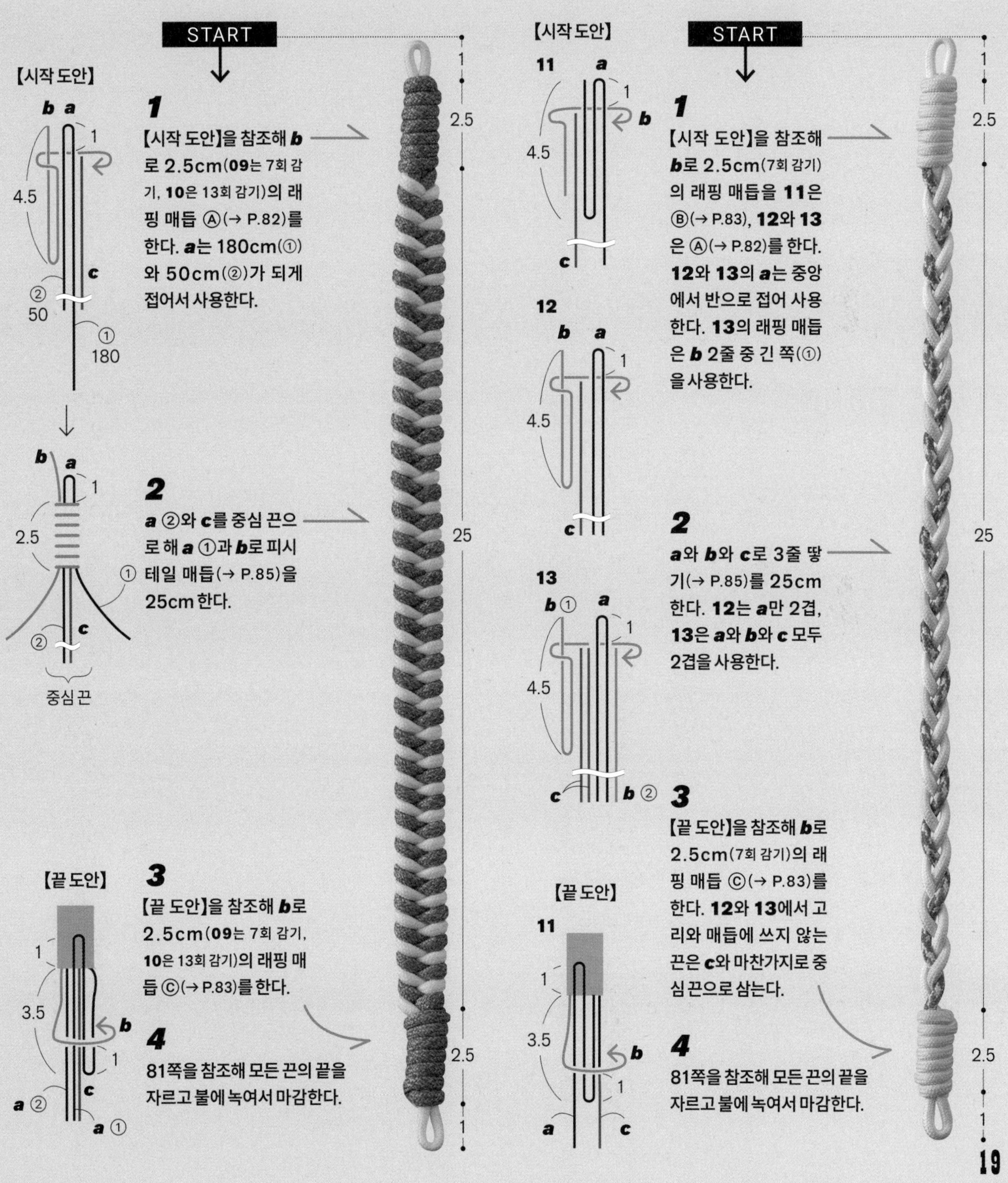

09-10

Photo = P.16

[재료] 색상 표기는 **09** / **10** 순

아웃도어 코드 (★은슬림코드)

a : 네온 옐로 (1767) / 차콜 믹스 (1766) 230cm × 1줄
b : 그레이 믹스 (1765) / 네온 그린 (1723)* 230cm × 1줄
c : 네온 옐로 (1767) / 차콜 믹스 (1766) 50cm × 1줄

11-13

Photo = P.17

[재료]

아웃도어 코드 (11)

a : 화이트 (1639) 80cm × 1줄
b : 옐로 (1624) 80cm × 1줄
c : 캔디 카모 (1644) 50cm × 1줄

※ **12**와 **13**의 배색과 재단 치수는 79쪽을 참조한다.

09-10

【시작 도안】

b a
1
4.5
② 50
① 180

c

1
【시작 도안】을 참조해 **b**로 2.5cm(**09**는 7회 감기, **10**은 13회 감기)의 래핑 매듭 Ⓐ(→ P.82)를 한다. **a**는 180cm(①)와 50cm(②)가 되게 접어서 사용한다.

2
a ②와 **c**를 중심 끈으로 해 **a** ①과 **b**로 피시테일 매듭(→ P.85)을 25cm 한다.

중심 끈

【끝 도안】

3
【끝 도안】을 참조해 **b**로 2.5cm(**09**는 7회 감기, **10**은 13회 감기)의 래핑 매듭 Ⓒ(→ P.83)를 한다.

4
81쪽을 참조해 모든 끈의 끝을 자르고 불에 녹여서 마감한다.

11-13

【시작 도안】

11
a
4.5
1
b
c

12
b a
4.5
1
c

13
b ① a
4.5
1
c b ②

1
【시작 도안】을 참조해 **b**로 2.5cm(7회 감기)의 래핑 매듭을 **11**은 Ⓑ(→ P.83), **12**와 **13**은 Ⓐ(→ P.82)를 한다. **12**와 **13**의 **a**는 중앙에서 반으로 접어 사용한다. **13**의 래핑 매듭은 **b** 2줄 중 긴 쪽(①)을 사용한다.

2
a와 **b**와 **c**로 3줄 땋기(→ P.85)를 25cm 한다. **12**는 **a**만 2겹, **13**은 **a**와 **b**와 **c** 모두 2겹을 사용한다.

【끝 도안】

11
1
3.5
b
1
a c

3
【끝 도안】을 참조해 **b**로 2.5cm(7회 감기)의 래핑 매듭 Ⓒ(→ P.83)를 한다. **12**와 **13**에서 고리와 매듭에 쓰지 않는 끈은 **c**와 마찬가지로 중심 끈으로 삼는다.

4
81쪽을 참조해 모든 끈의 끝을 자르고 불에 녹여서 마감한다.

평매듭

[매듭 종류] 평매듭 / 래핑 매듭 Ⓐ·Ⓒ　[How to make] → P.22

14

[매듭 종류] 평매듭 / 래핑 매듭 Ⓐ·Ⓒ　[How to make] → P.22

15

[매듭 종류] 평매듭 (왼쪽·오른쪽) / 래핑 매듭 Ⓐ·Ⓒ　[How to make] → P.22

16

[매듭 종류] 평매듭 / 래핑 매듭 Ⓐ·Ⓒ　[How to make] → P.23

17

19

롤 감기

18

[매듭 종류] 롤 감기 / 래핑 매듭 ⓐ·ⓒ　[How to make] → P.23

[매듭 종류] 롤 감기 / 래핑 매듭 ⓐ·ⓒ　[How to make] → P.23

14-15 Photo = P.20

[재료] 색상 표기는 **14** / **15** 순

아웃도어 코드

a : 네온 핑크 (1770) / 네이비 (1648) **200cm × 1줄**

b : 옐로 그린 (1625) / 오렌지 (1623) **50cm × 1줄**
(**14**), 150cm × 1줄 (**15**)

c : 옐로 그린 (1625) / 오렌지 (1623) **180cm × 1줄**

16 Photo = P.20

[재료]

아웃도어 코드

a : 라이트 퍼플 (1658) **200cm × 1줄**

b : 네온 옐로 (1767) **180cm × 1줄**

c : 네온 옐로 (1767) **50cm × 1줄**

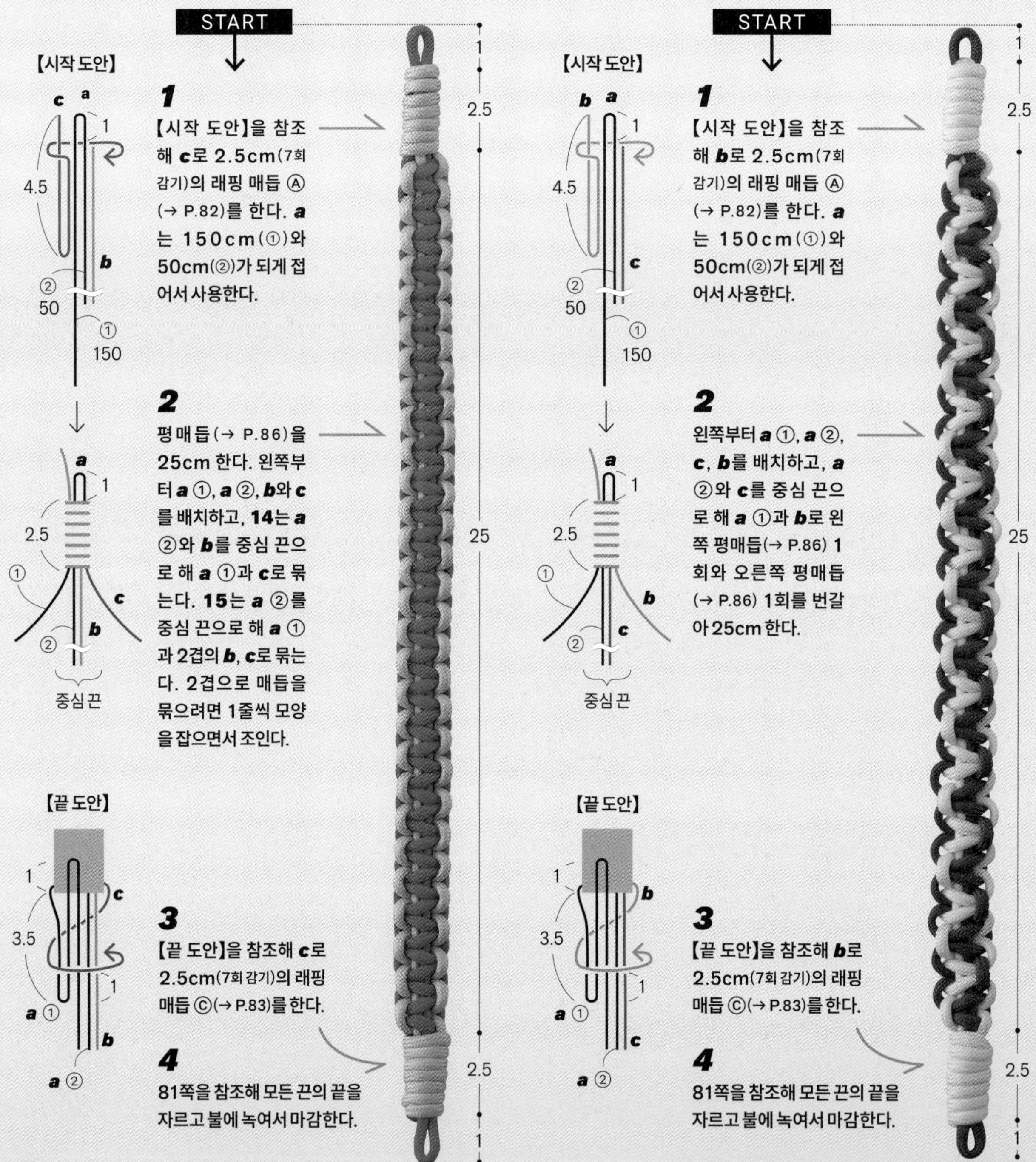

1

【시작 도안】을 참조해 **c**로 2.5cm(7회 감기)의 래핑 매듭 Ⓐ (→ P.82)를 한다. **a** 는 150cm(①)와 50cm(②)가 되게 접어서 사용한다.

2

평매듭(→ P.86)을 25cm 한다. 왼쪽부터 **a** ①, **a** ②, **b**와 **c** 를 배치하고, **14**는 **a** ②와 **b**를 중심 끈으로 해 **a** ①과 **c**로 묶는다. **15**는 **a** ②를 중심 끈으로 해 **a** ① 과 2겹의 **b**, **c**로 묶는다. 2겹으로 매듭을 묶으려면 1줄씩 모양을 잡으면서 조인다.

3

【끝 도안】을 참조해 **c**로 2.5cm(7회 감기)의 래핑 매듭 Ⓒ(→ P.83)를 한다.

4

81쪽을 참조해 모든 끈의 끝을 자르고 불에 녹여서 마감한다.

1

【시작 도안】을 참조해 **b**로 2.5cm(7회 감기)의 래핑 매듭 Ⓐ (→ P.82)를 한다. **a** 는 150cm(①)와 50cm(②)가 되게 접어서 사용한다.

2

왼쪽부터 **a** ①, **a** ②, **c**, **b**를 배치하고, **a** ②와 **c**를 중심 끈으로 해 **a** ①과 **b**로 왼쪽 평매듭(→ P.86) 1 회와 오른쪽 평매듭 (→ P.86) 1회를 번갈아 25cm 한다.

3

【끝 도안】을 참조해 **b**로 2.5cm(7회 감기)의 래핑 매듭 Ⓒ(→ P.83)를 한다.

4

81쪽을 참조해 모든 끈의 끝을 자르고 불에 녹여서 마감한다.

17

[재료]

아웃도어 코드
a : 글로우 핑크 (1663) 200cm × 1줄
b : 레드 (1621) 140cm × 1줄
c : 레드 (1621) 100cm × 1줄

18-19

[재료] 색상 표기는 **18** / **19** 순

아웃도어 코드 / 슬림 코드
a : 네온 옐로 (1767) / 퍼플 (1677) 170cm × 1줄
b : 네온 옐로 (1767) / 퍼플 (1677) 50cm × 1줄
c : 허니콤 옐로그린 (1653) / 라이트 그레이 (1686) 170cm × 1줄

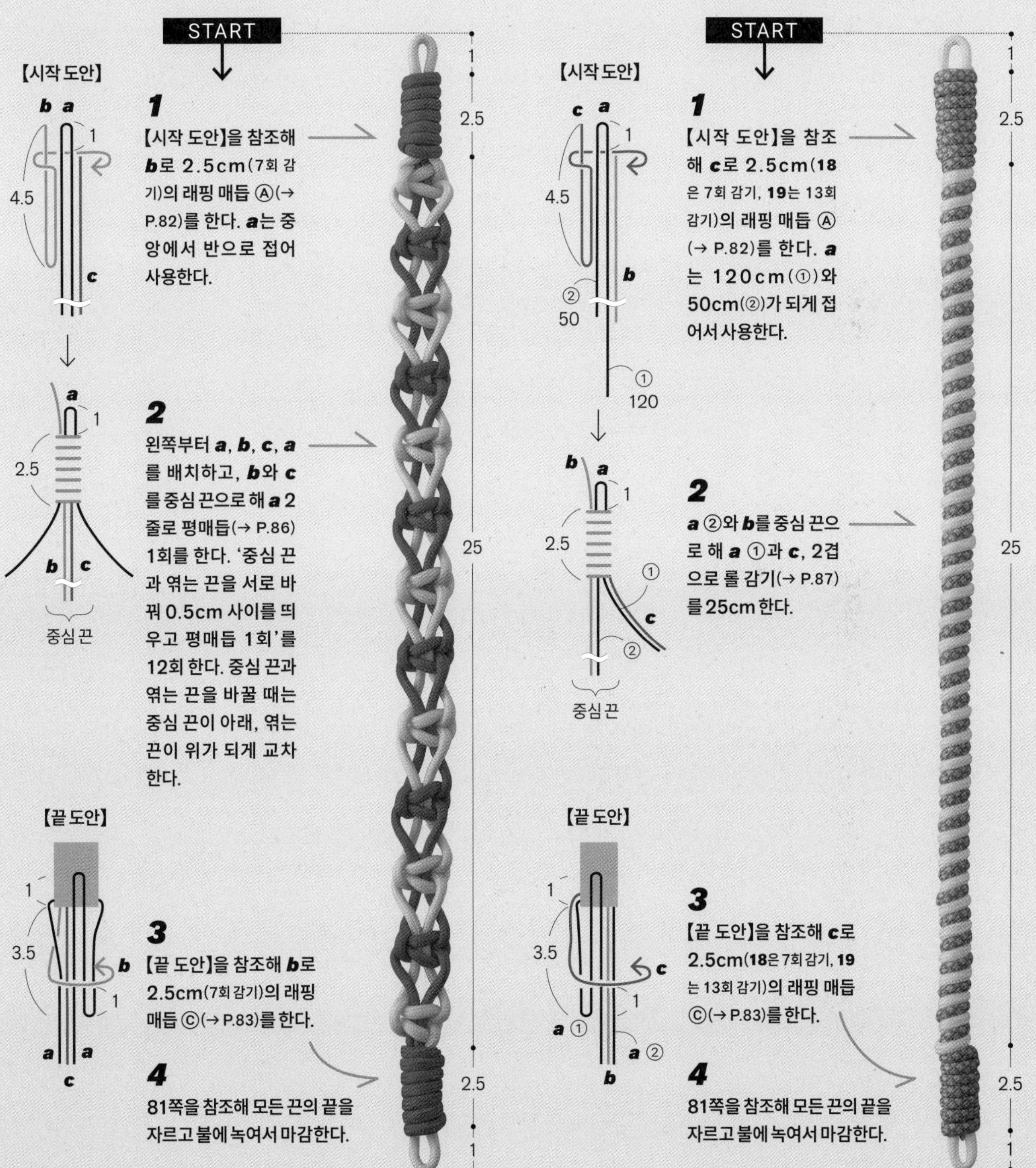

17

START

【시작 도안】

1
【시작 도안】을 참조해 **b**로 2.5cm(7회 감기)의 래핑 매듭 Ⓐ(→ P.82)를 한다. **a**는 중앙에서 반으로 접어 사용한다.

2
왼쪽부터 **a**, **b**, **c**, **a**를 배치하고, **b**와 **c**를 중심 끈으로 해 **a** 2줄로 평매듭(→ P.86) 1회를 한다. '중심 끈과 엮는 끈을 서로 바꿔 0.5cm 사이를 띄우고 평매듭 1회'를 12회 한다. 중심 끈과 엮는 끈을 바꿀 때는 중심 끈이 아래, 엮는 끈이 위가 되게 교차한다.

【끝 도안】

3
【끝 도안】을 참조해 **b**로 2.5cm(7회 감기)의 래핑 매듭 Ⓒ(→ P.83)를 한다.

4
81쪽을 참조해 모든 끈의 끝을 자르고 불에 녹여서 마감한다.

18-19

START

【시작 도안】

1
【시작 도안】을 참조해 **c**로 2.5cm(**18**은 7회 감기, **19**는 13회 감기)의 래핑 매듭 Ⓐ(→ P.82)를 한다. **a**는 120cm(①)와 50cm(②)가 되게 접어서 사용한다.

2
a ②와 **b**를 중심 끈으로 해 **a** ①과 **c**, 2겹으로 롤 감기(→ P.87)를 25cm 한다.

【끝 도안】

3
【끝 도안】을 참조해 **c**로 2.5cm(**18**은 7회 감기, **19**는 13회 감기)의 래핑 매듭 Ⓒ(→ P.83)를 한다.

4
81쪽을 참조해 모든 끈의 끝을 자르고 불에 녹여서 마감한다.

좌우엮기

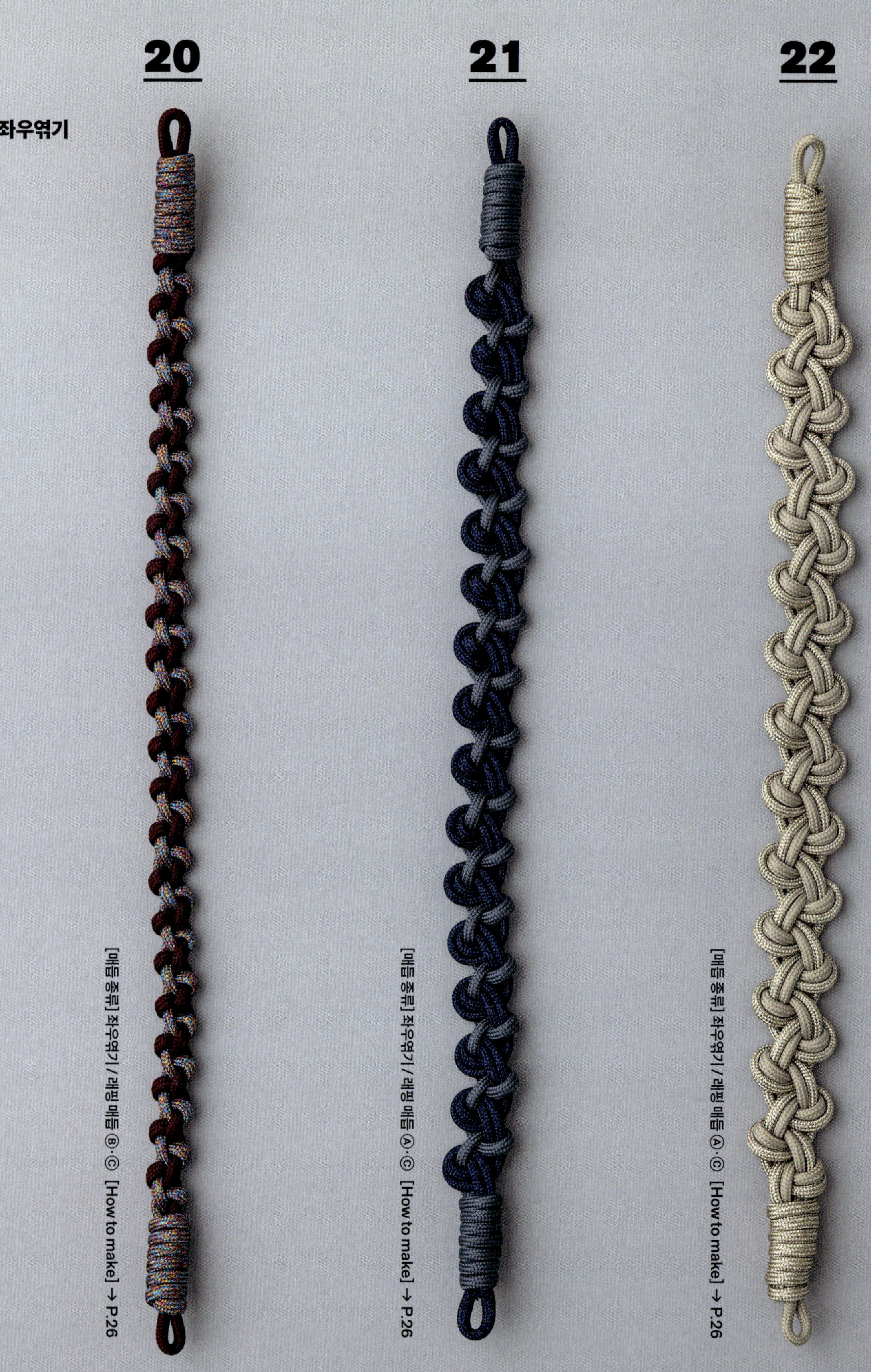

[매듭 종류] 좌우엮기 / 래핑 매듭 Ⓑ·Ⓒ　[How to make] → P.26

[매듭 종류] 좌우엮기 / 래핑 매듭 Ⓐ·Ⓒ　[How to make] → P.26

[매듭 종류] 좌우엮기 / 래핑 매듭 Ⓐ·Ⓒ　[How to make] → P.26

23

[매듭 종류] 5줄 납작하게 땋기 / 래핑 매듭 Ⓐ·Ⓒ [How to make] → P.27

24

[매듭 종류] 5줄 납작하게 땋기 / 래핑 매듭 Ⓐ·Ⓒ [How to make] → P.27

[매듭 종류] 4줄 둥글게 땋기 (보더 무늬) / 래핑 매듭 Ⓐ·Ⓒ [How to make] → P.27

25

[매듭 종류] 4줄 둥글게 땋기 (줄무늬) / 래핑 매듭 Ⓐ·Ⓒ [How to make] → P.27

26

20-22

Photo = P.24

[재료]

아웃도어 코드

※ 색상과 재단 치수는 아래 표를 참조한다.

【시작 도안】

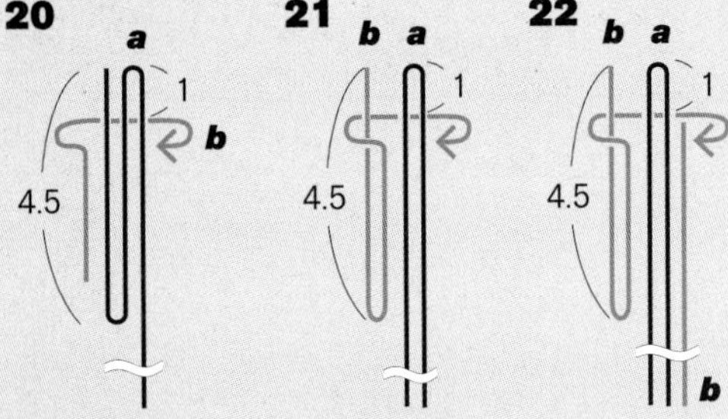

【끝 도안】

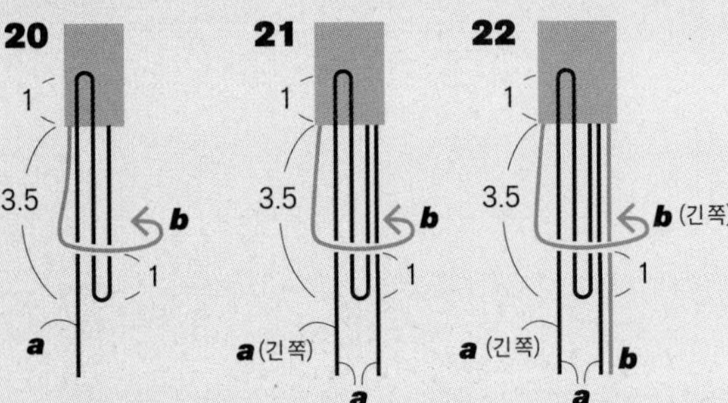

START

1

【시작 도안】을 참조해 **b**로 2.5cm(7회 감기)의 래핑 매듭[**20**은 Ⓑ(→ P.83), **21**과 **22**는 Ⓐ(→ P.82)]을 한다. **21**과 **22**의 **a**는 중앙에서 반으로 접어 사용한다.

2

a와 **b**로 좌우엮기(→ P.87)를 25cm 한다. **21**은 **a** 2줄과 **b**로 나눠 2겹과 1겹을 엮는다. **22**는 **a**와 **b** 모두 좌우에 1줄씩 놓고 2겹을 서로 엮는다. 2겹으로 엮을 때는 1줄씩 모양을 잡으면서 한다.

3

【끝 도안】을 참조해 **b**로 2.5cm(7회 감기)의 래핑 매듭 Ⓒ(→ P.83)를 한다. **21**과 **22**는 래핑 매듭의 고리를 **a**(긴 쪽)로 만들고, **22**는 **b**(긴 쪽)로 감는다.

4

81쪽을 참조해 모든 끈의 끝을 자르고 불에 녹여서 마감한다.

[20·21·22 배색과 재단 치수]

	20	21	22
a	다크 레드 (1657) 130cm × 1줄	미드나이트 (1795) 270cm × 1줄	베이지 (1659) 270cm × 1줄
b	멀티 믹스 (1794) 170cm × 1줄	블루 그레이 (1670) 170cm × 1줄	골드 (1791) 180cm × 2줄

23-24 Photo = P.25

[재료]

아웃도어 코드 (공통)

a : 다이아몬드 카모 (1643) 100cm × 1줄
b : 아쿠아마린 (1628) 100cm × 1줄
c : 아쿠아마린 (1628) 50cm × 2줄

25-26 Photo = P.25

[재료]

아웃도어 코드 (공통)

a : 스트로베리 카모 (1642) 130cm × 1줄
b : 네이비 (1648) 90cm × 2줄

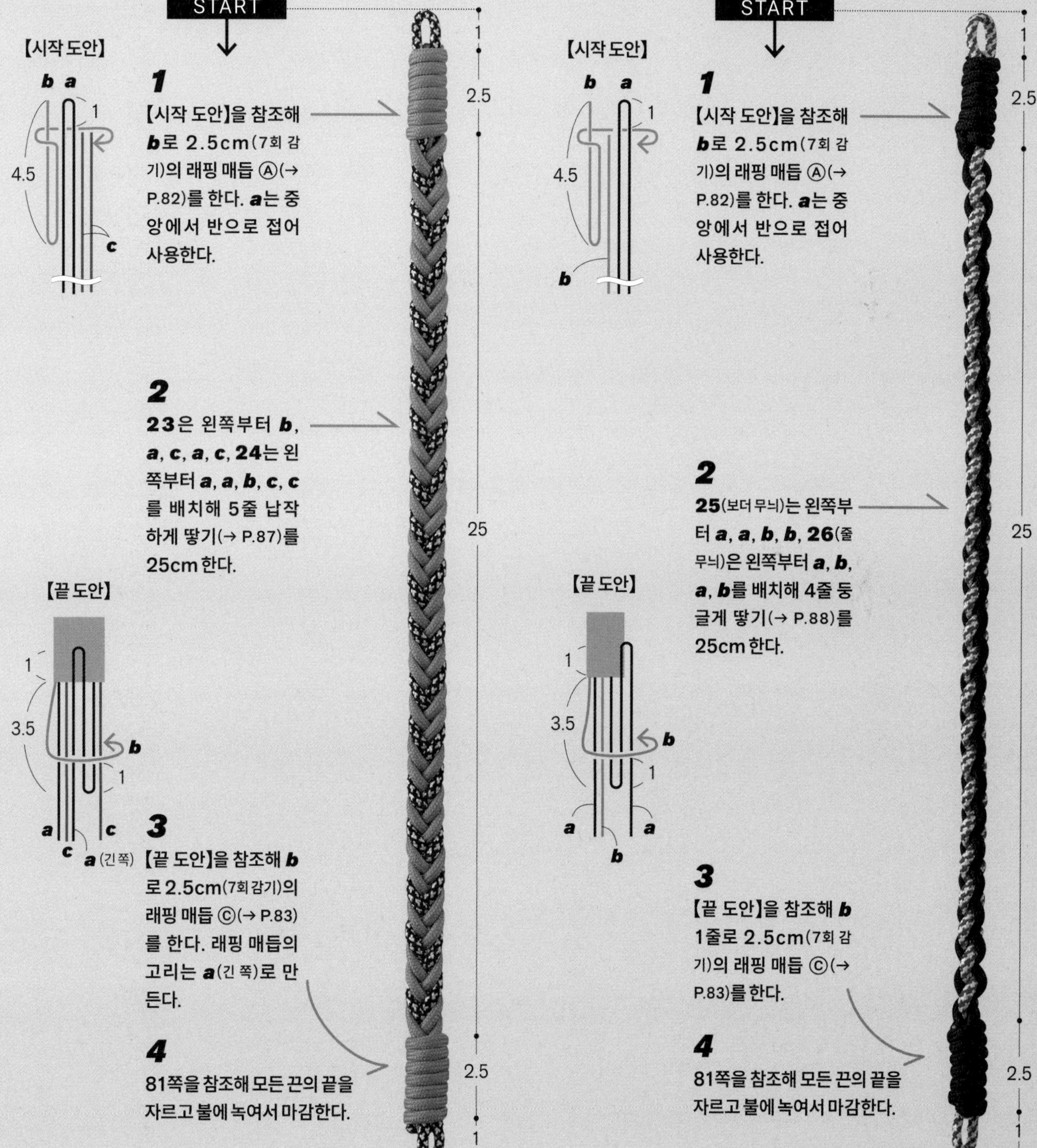

1

【시작 도안】을 참조해 **b**로 2.5cm (7회 감기)의 래핑 매듭 Ⓐ(→ P.82)를 한다. **a**는 중앙에서 반으로 접어 사용한다.

2

23은 왼쪽부터 **b**, **a**, **c**, **a**, **c**, **24**는 왼쪽부터 **a**, **a**, **b**, **c**, **c**를 배치해 5줄 납작하게 땋기(→ P.87)를 25cm 한다.

3

【끝 도안】을 참조해 **b**로 2.5cm (7회 감기)의 래핑 매듭 Ⓒ(→ P.83)를 한다. 래핑 매듭의 고리는 **a**(긴 쪽)로 만든다.

4

81쪽을 참조해 모든 끈의 끝을 자르고 불에 녹여서 마감한다.

1

【시작 도안】을 참조해 **b**로 2.5cm (7회 감기)의 래핑 매듭 Ⓐ(→ P.82)를 한다. **a**는 중앙에서 반으로 접어 사용한다.

2

25(보더 무늬)는 왼쪽부터 **a**, **a**, **b**, **b**, **26**(줄 무늬)은 왼쪽부터 **a**, **b**, **a**, **b**를 배치해 4줄 둥글게 땋기(→ P.88)를 25cm 한다.

3

【끝 도안】을 참조해 **b** 1줄로 2.5cm (7회 감기)의 래핑 매듭 Ⓒ(→ P.83)를 한다.

4

81쪽을 참조해 모든 끈의 끝을 자르고 불에 녹여서 마감한다.

평돌기 매듭

27

[매듭 종류] 평돌기 매듭 / 래핑 매듭 Ⓐ·Ⓒ [How to make] → P.30

28

엔드리스 폴스 매듭

[매듭 종류] 엔드리스 폴스 매듭 / 래핑 매듭 Ⓐ·Ⓒ [How to make] → P.30

스네이크 매듭

30

[매듭 종류] 스네이크 매듭 / 래핑 매듭 Ⓑ·Ⓒ　[How to make] → P.31

[매듭 종류] 스네이크 매듭 / 래핑 매듭 Ⓑ·Ⓒ　[How to make] → P.31

[재료]

아웃도어 코드
a : 마젠타 (1622) 200cm × 1줄
b : 허니콤 마젠타 (1651) 200cm × 1줄
c : 허니콤 마젠타 (1651) 50cm × 1줄

START

【시작 도안】

b a
1
4.5
c
②
50
①
150

1
【시작 도안】을 참조
해 **b**로 2.5cm(7회
감기)의 래핑 매듭 Ⓐ
(→ P.82)를 한다. **a**
는 150cm(①)와
50cm(②)가 되게 접
어서 사용한다.

b a
1
2.5
①
②
c
중심 끈

2
a ②와 **c**를 중심 끈
으로 해 **a** ①과 **b**로
평돌기 매듭(→ P.89)
을 25cm 한다.

【끝 도안】

1
b
3.5
1
a ①
c
a ②

3
【끝 도안】을 참조해 **b**로
2.5cm(7회 감기)의 래핑
매듭 Ⓒ(→ P.83)를 한다.

4
81쪽을 참조해 모든 끈의 끝을
자르고 불에 녹여서 마감한다.

[재료]

아웃도어 코드
a : 블루 (1629) 250cm × 1줄
b : 리플렉터 화이트 (1631) 90cm × 2줄

START

【시작 도안】

b a
1
4.5
b

1
【시작 도안】을 참조해
b로 2.5cm(7회 감
기)의 래핑 매듭 Ⓐ(→
P.82)를 한다. **a**는 중
앙에서 반으로 접어
사용한다.

a
1
2.5
b   b
중심 끈

2
b 2줄을 중심 끈으로
해 **a** 2줄로 엔드리스
폴스 매듭(→ P.89)을
25cm 한다.

【끝 도안】

1
3.5
b
1
a
b (긴쪽)
a

3
【끝 도안】을 참조해 **b**(긴
쪽)로 2.5cm(7회 감
기)의 래핑 매듭 Ⓒ(→
P.83)를 한다.

4
81쪽을 참조해 모든 끈의 끝을
자르고 불에 녹여서 마감한다.

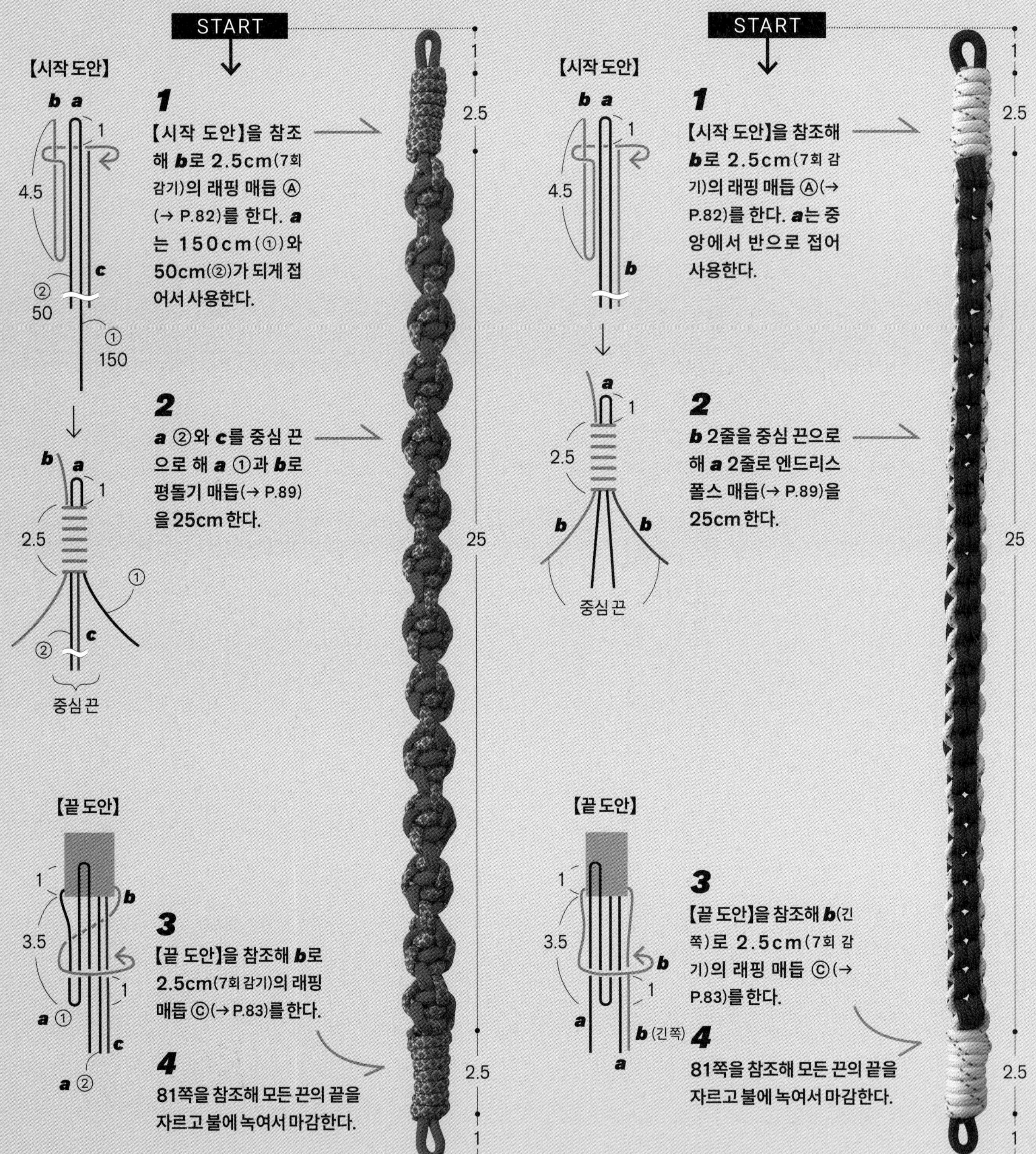

29

Photo = P.29

[재료]

아웃도어 코드
a : 인디고 믹스 (1762) **140cm** × 1줄
b : 네이비 (1648) **180cm** × 1줄

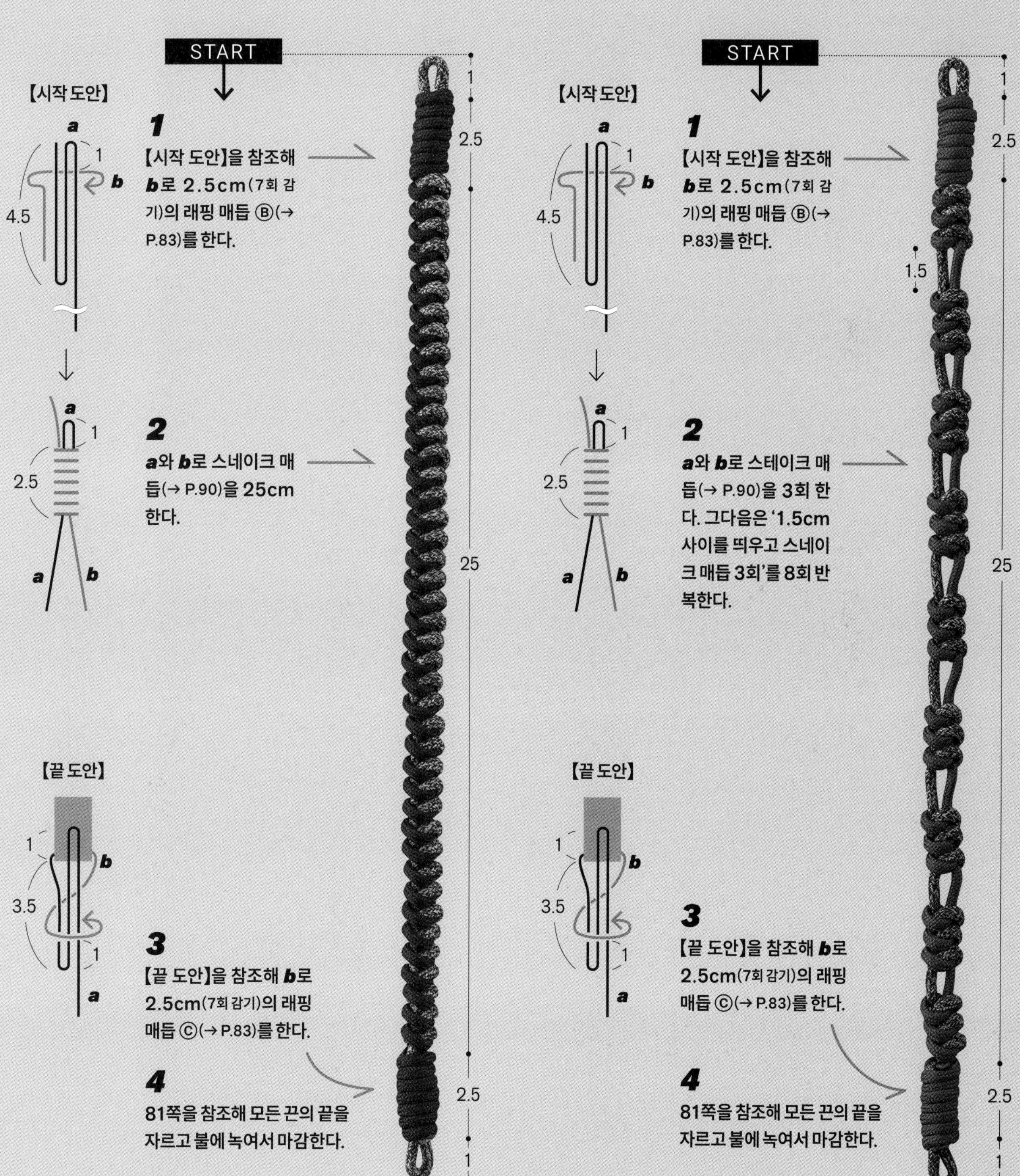

1
【시작 도안】을 참조해 **b**로 2.5cm(7회 감기)의 래핑 매듭 Ⓑ(→ P.83)를 한다.

2
a와 **b**로 스네이크 매듭(→ P.90)을 25cm 한다.

3
【끝 도안】을 참조해 **b**로 2.5cm(7회 감기)의 래핑 매듭 Ⓒ(→ P.83)를 한다.

4
81쪽을 참조해 모든 끈의 끝을 자르고 불에 녹여서 마감한다.

30

Photo = P.29

[재료]

아웃도어 코드
a : 모스 믹스 (1763) **120cm** × 1줄
b : 그린 (1626) **160cm** × 1줄

1
【시작 도안】을 참조해 **b**로 2.5cm(7회 감기)의 래핑 매듭 Ⓑ(→ P.83)를 한다.

2
a와 **b**로 스테이크 매듭(→ P.90)을 3회 한다. 그다음은 '1.5cm 사이를 띄우고 스네이크 매듭 3회'를 8회 반복한다.

3
【끝 도안】을 참조해 **b**로 2.5cm(7회 감기)의 래핑 매듭 Ⓒ(→ P.83)를 한다.

4
81쪽을 참조해 모든 끈의 끝을 자르고 불에 녹여서 마감한다.

31

꽃매듭 '4장'

[매듭 종류] 꽃매듭 '4장' / 래핑 매듭 Ⓐ·Ⓒ [How to make] → P.34

32

[매듭 종류] 꽃매듭 '4장' / 래핑 매듭 Ⓐ·Ⓒ [How to make] → P.34

33

꽃매듭 '6장'

[매듭 종류] 꽃매듭 '6장' / 래핑 매듭 Ⓐ·Ⓒ [How to make] → P.34

34

[매듭 종류] 꽃매듭 '6장' / 래핑 매듭 Ⓐ·Ⓒ [How to make] → P.34

발바닥 젤리 매듭

[매듭 종류] 발바닥 젤리 매듭 / 래핑 매듭 Ⓐ·Ⓒ　[How to make] → P.35

[매듭 종류] 발바닥 젤리 매듭 / 래핑 매듭 Ⓐ·Ⓒ　[How to make] → P.35

[매듭 종류] 발바닥 젤리 매듭 / 래핑 매듭 Ⓐ·Ⓒ　[How to make] → P.35

31-32 Photo = P.32

[재료] 표기는 **31** / **32** 순

아웃도어 코드 / 슬림 코드

a : 아미 그린 (1641) / 블루 그레이 (1687) 220cm × 1줄 /
200cm × 1줄

b : 글로우 옐로 (1662) / 핑크 (1674) 160cm × 2줄 /
150cm × 2줄

1
【시작 도안】을 참조해 **b** 1줄로 2.5cm(**31** 은 7회 감기, **32**는 13회 감기)의 래핑 매듭 Ⓐ(→ P.82)를 한다. **a**는 중앙에서 반으로 접어 사용한다.

2
b 2줄을 중심 끈으로 해 **a** 2줄로 평매듭(→ P.86)을 1회 한다. '**a** 2줄을 중심 끈으로 해 **b** 2줄로 꽃매듭 '4장'(→ P.92) 1회, **b** 2줄을 중심 끈으로 해 **a** 2줄로 평매듭 1회'를 25cm 가 될 때까지(**31**은 9회, **32**는 14회) 반복한다.

3
【끝 도안】을 참조해 **b**(긴쪽)로 2.5cm(**31**은 7회 감기, **32**는 13회 감기)의 래핑 매듭 Ⓒ(→ P.83)를 한다.

4
81쪽을 참조해 모든 끈의 끝을 자르고 불에 녹여서 마감한다.

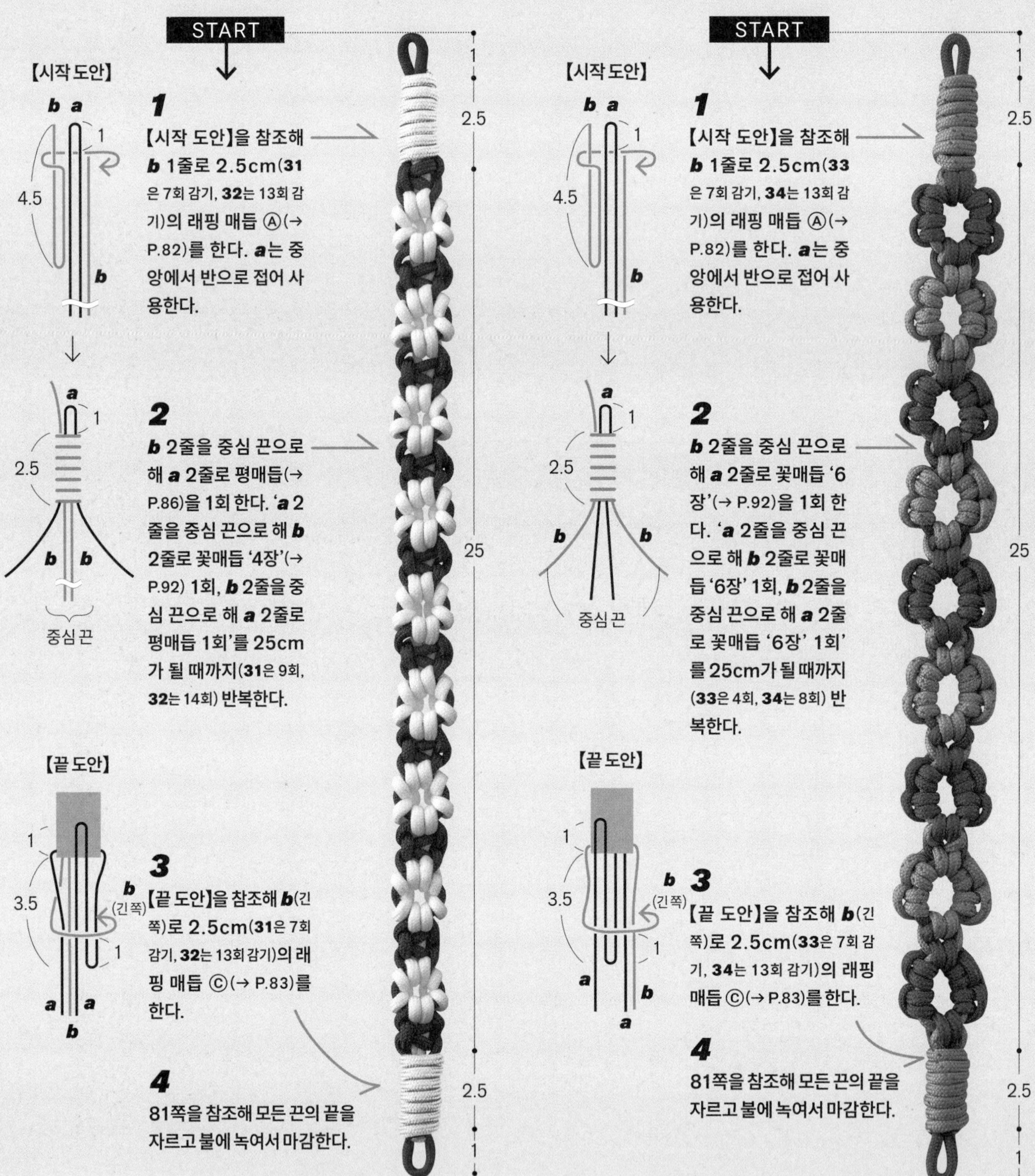

33-34 Photo = P.32

[재료] 표기는 **33** / **34** 순

아웃도어 코드 / 슬림 코드

a : 라이트 퍼플 (1658) / 애시 블루 (1680) 350cm × 1줄 /
300cm × 1줄

b : 리플렉터 베이지 (1669) / 브라운 (1683) 180cm × 2줄 /
170cm × 2줄

1
【시작 도안】을 참조해 **b** 1줄로 2.5cm(**33** 은 7회 감기, **34**는 13회 감기)의 래핑 매듭 Ⓐ(→ P.82)를 한다. **a**는 중앙에서 반으로 접어 사용한다.

2
b 2줄을 중심 끈으로 해 **a** 2줄로 꽃매듭 '6장'(→ P.92)을 1회 한다. '**a** 2줄을 중심 끈으로 해 **b** 2줄로 꽃매듭 '6장' 1회, **b** 2줄을 중심 끈으로 해 **a** 2줄로 꽃매듭 '6장' 1회'를 25cm가 될 때까지 (**33**은 4회, **34**는 8회) 반복한다.

3
【끝 도안】을 참조해 **b**(긴쪽)로 2.5cm(**33**은 7회 감기, **34**는 13회 감기)의 래핑 매듭 Ⓒ(→ P.83)를 한다.

4
81쪽을 참조해 모든 끈의 끝을 자르고 불에 녹여서 마감한다.

35-37 Photo = P.33

[재료]

아웃도어 코드 (35·36)
슬림 코드 (37)
※ 색상과 재단 치수는 아래 표를 참조한다.

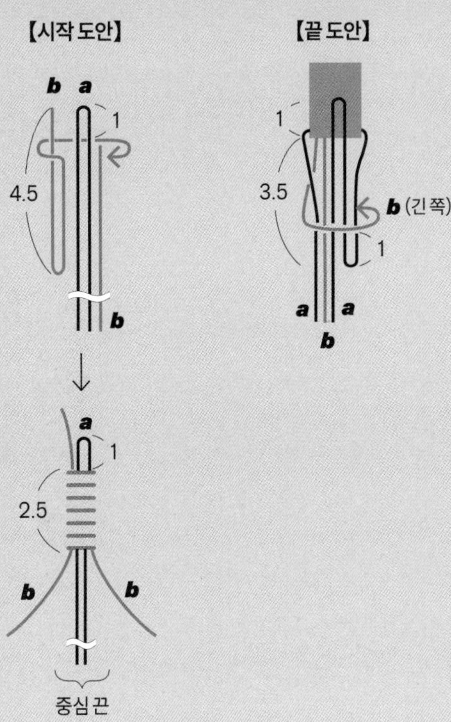

1

【시작 도안】을 참조해 **b**로 2.5cm (35~36은 7회 감기, 37은 13회 감기)의 래핑 매듭 Ⓐ(→ P.82)를 한다. **a**는 중앙에서 반으로 접어 사용한다.

2

a 2줄을 중심 끈으로 해 **b** 2줄로 **35**와 **37**은 1회, **36**은 3회 평매듭(→ P.86)을 한다. '**b** 2줄을 중심 끈으로 해 **a** 2줄로 발바닥 젤리 매듭(→ P.93) 1회, **a** 2줄을 중심 끈으로 해 **b** 2줄로 **35**와 **37**은 1회, **36**은 3회 평매듭'을 25cm가 될 때까지(**35**는 10회, **37**은 18회, **36**은 5회) 반복한다.

3

【끝 도안】을 참조해 **b**(긴 쪽)로 2.5cm(**35~36**은 7회 감기, **37**은 13회 감기)의 래핑 매듭 Ⓒ(→ P.83)를 한다.

4

81쪽을 참조해 모든 끈의 끝을 자르고 불에 녹여서 마감한다.

[35·36·37 배색과 재단 치수]

	35	36	37
a	글로우 핑크 (1663) 250cm × 1줄	애시 블루 (1647) 170cm × 1줄	오렌지 (1673) 280cm × 1줄
b	카키 (1640) 130cm × 2줄	그린 (1626) 140cm × 2줄	라이트 브라운 (1684) 140cm × 2줄

38

[매듭 종류] 부트레이스 매듭 / 래핑 매듭 Ⓐ·Ⓒ
[How to make] → P.38

지퍼 시넷 매듭

39

[매듭 종류] 지퍼 시넷 매듭 / 래핑 매듭 Ⓑ·Ⓒ [How to make] → P.38

교차 돌려엮기

40

[매듭 종류] 교차 돌려엮기 / 래핑 매듭 Ⓐ·Ⓒ
[How to make] → P.39

41

42

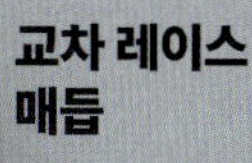

**교차 레이스
매듭**

38

Photo = P.36

[재료]

아웃도어 코드

a : 리플렉터 베이지 (1669) 200cm × 1줄

b : 오렌지 (1623) 150cm × 1줄

c : 오렌지 (1623) 50cm × 1줄

39

Photo = P.36

[재료]

아웃도어 코드

a : 블루 (1629) 180cm × 1줄

b : 옐로 (1624) 180cm × 1줄

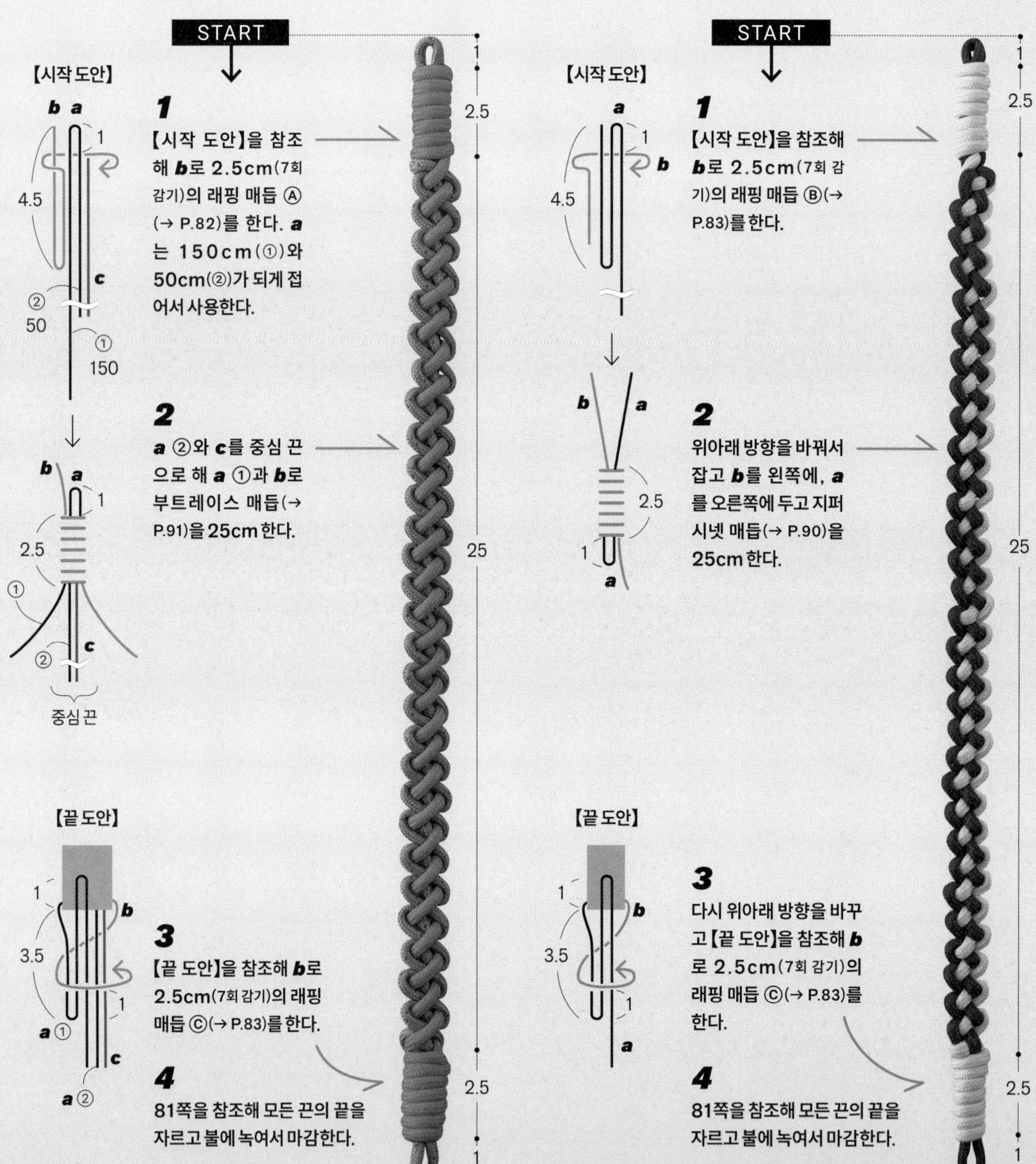

1

【시작 도안】을 참조해 ***b***로 2.5cm(7회 감기)의 래핑 매듭 Ⓐ(→ P.82)를 한다. ***a***는 150cm(①)와 50cm(②)가 되게 접어서 사용한다.

2

a ②와 ***c***를 중심 끈으로 해 ***a*** ①과 ***b***로 부트레이스 매듭(→ P.91)을 25cm 한다.

3

【끝 도안】을 참조해 ***b***로 2.5cm(7회 감기)의 래핑 매듭 Ⓒ(→ P.83)를 한다.

4

81쪽을 참조해 모든 끈의 끝을 자르고 불에 녹여서 마감한다.

1

【시작 도안】을 참조해 ***b***로 2.5cm(7회 감기)의 래핑 매듭 Ⓑ(→ P.83)를 한다.

2

위아래 방향을 바꿔서 잡고 ***b***를 왼쪽에, ***a***를 오른쪽에 두고 지퍼 시넷 매듭(→ P.90)을 25cm 한다.

3

다시 위아래 방향을 바꾸고【끝 도안】을 참조해 ***b***로 2.5cm(7회 감기)의 래핑 매듭 Ⓒ(→ P.83)를 한다.

4

81쪽을 참조해 모든 끈의 끝을 자르고 불에 녹여서 마감한다.

40

Photo = P.37

[재료]

아웃도어 코드

a : 스카이블루 (1627) 200cm × 1줄

b : 레인보우 카모 (1638) 180cm × 1줄

41-42

Photo = P.37

[재료]

아웃도어 코드 (**41**)

a : 샌드 카모 (1634) 200cm × 1줄

b : 브라운 (1649) 180cm × 1줄

아웃도어 코드 (**42**)

a : 아미 카모 (1635) 200cm × 1줄

b : 아미 그린 (1641) 180cm × 1줄

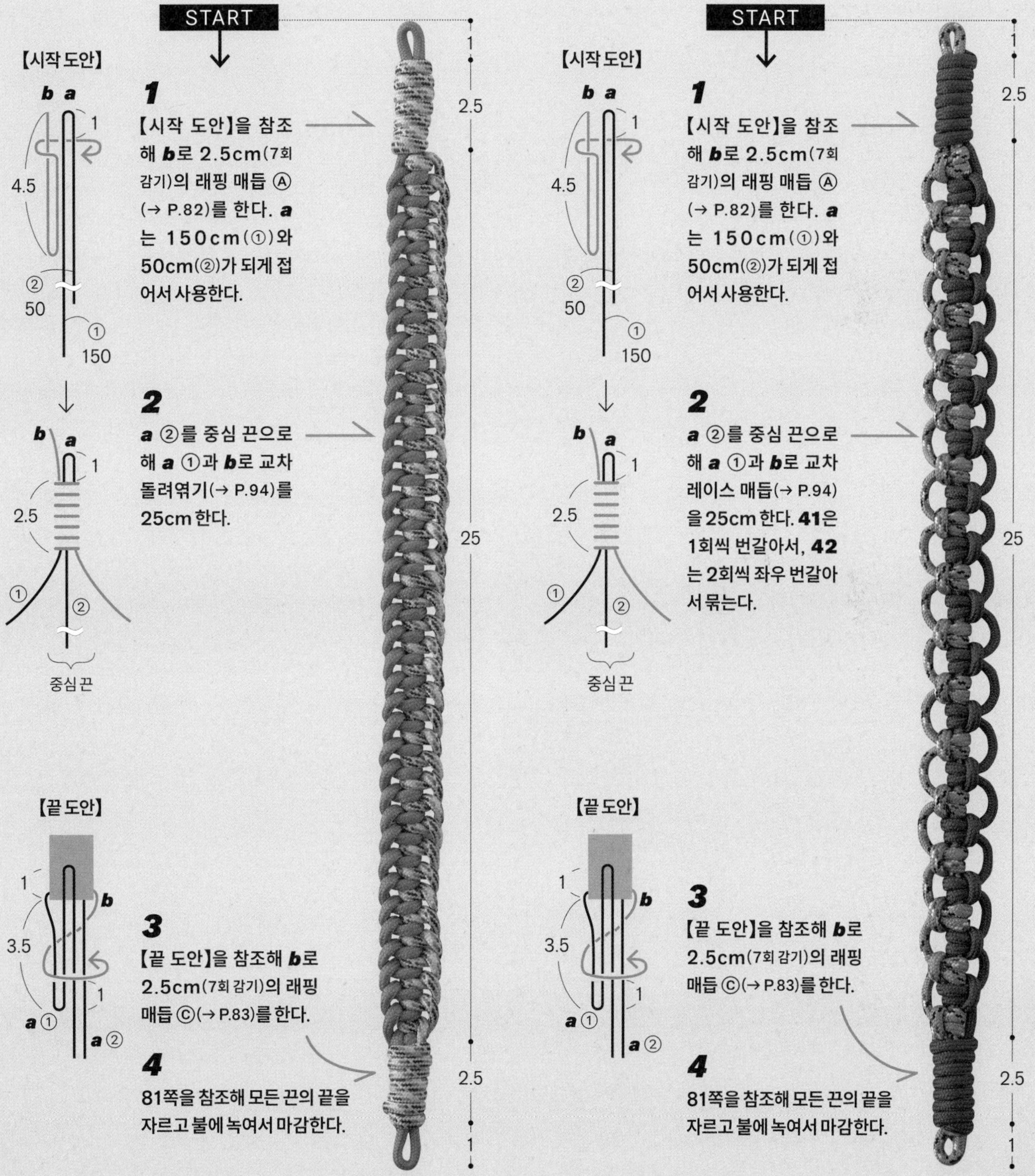

40

START

【시작 도안】

b a

1

4.5

② 50

① 150

1

【시작 도안】을 참조해 **b**로 2.5cm(7회 감기)의 래핑 매듭 Ⓐ (→ P.82)를 한다. **a** 는 150cm(①)와 50cm(②)가 되게 접어서 사용한다.

b a

1

2.5

① ②

중심 끈

2

a ②를 중심 끈으로 해 **a** ①과 **b**로 교차 돌려엮기(→ P.94)를 25cm 한다.

【끝 도안】

1

3.5

b

1

a①

a②

3

【끝 도안】을 참조해 **b**로 2.5cm(7회 감기)의 래핑 매듭 Ⓒ(→ P.83)를 한다.

4

81쪽을 참조해 모든 끈의 끝을 자르고 불에 녹여서 마감한다.

41-42

START

【시작 도안】

b a

1

4.5

② 50

① 150

1

【시작 도안】을 참조해 **b**로 2.5cm(7회 감기)의 래핑 매듭 Ⓐ (→ P.82)를 한다. **a** 는 150cm(①)와 50cm(②)가 되게 접어서 사용한다.

b a

1

2.5

① ②

중심 끈

2

a ②를 중심 끈으로 해 **a** ①과 **b**로 교차 레이스 매듭(→ P.94)을 25cm 한다. **41**은 1회씩 번갈아서, **42** 는 2회씩 좌우 번갈아서 묶는다.

【끝 도안】

1

3.5

b

1

a①

a②

3

【끝 도안】을 참조해 **b**로 2.5cm(7회 감기)의 래핑 매듭 Ⓒ(→ P.83)를 한다.

4

81쪽을 참조해 모든 끈의 끝을 자르고 불에 녹여서 마감한다.

피시본 매듭

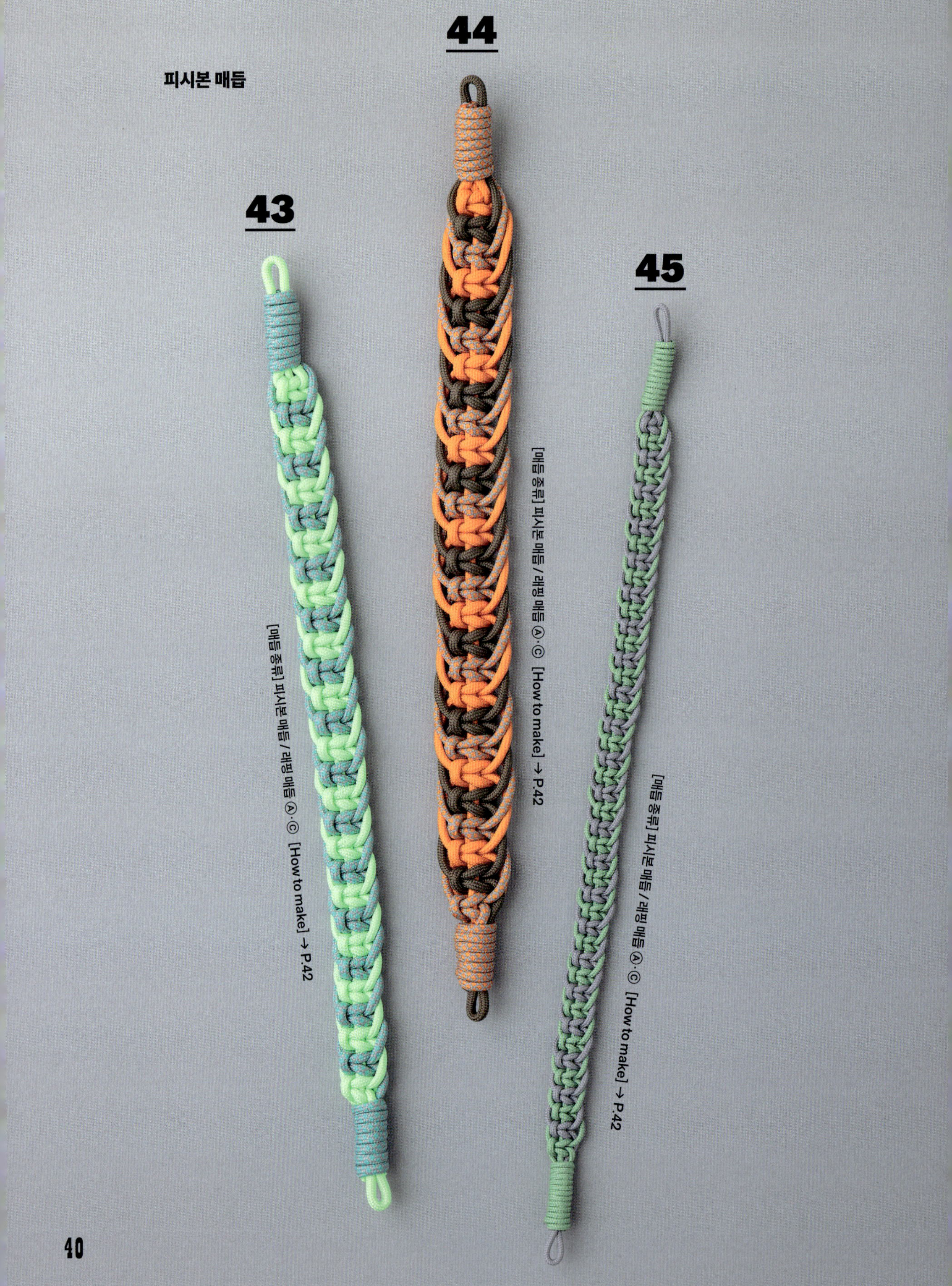

43

45

[매듭 종류] 피시본 매듭 / 래핑 매듭 Ⓐ·Ⓒ　[How to make] → P.42

[매듭 종류] 피시본 매듭 / 래핑 매듭 Ⓐ·Ⓒ　[How to make] → P.42

[매듭 종류] 피시본 매듭 / 래핑 매듭 Ⓐ·Ⓒ　[How to make] → P.42

하트 매듭

46

47

48

43-45 Photo = P.40

[재료]
아웃도어 코드 (43·44)
슬림 코드 (45)
※ 색상과 재단 치수는 아래 표를 참조한다.

【시작 도안】

43·45　　**44**　　【끝 도안】**43·45**

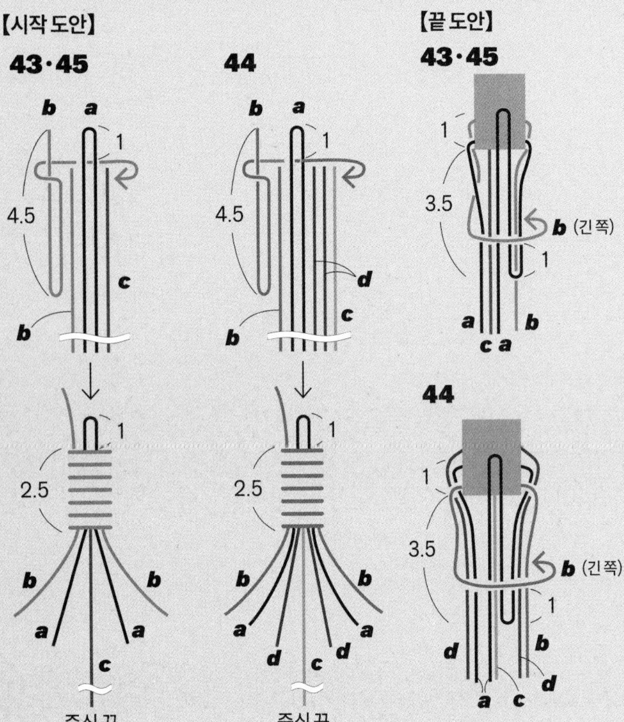

1

【시작 도안】을 참조해 **b** 1 줄로 2.5cm(**43~44**는 7회 감기, **45**는 13회 감기)의 래핑 매듭 Ⓐ(→ P.82)를 한다. **a** 는 중앙에서 반으로 접어 사용한다.

2

c를 중심 끈으로 해 **43**과 **45**는 **a** 2줄, **44**는 **d** 2 줄로 평매듭(→ P.86) 1회 를 한다. 그다음은 25cm 가 될 때까지 피시본 매듭(→ P.95)을 한다(**43**과 **45**는 **b** 2 줄의 평매듭과 **a** 2줄의 평매듭을 번갈아 묶는다. **44**는 **a** 2줄의 평 매듭, **b** 2줄의 평매듭, **d** 2줄의 평 매듭을 번갈아 묶는다).

3

【끝 도안】을 참조해 **b**(긴 쪽) 로 2.5cm(**43~44**는 7회 감 기, **45**는 13회 감기)의 래핑 매 듭 ©(→ P.83)를 한다.

4

81쪽을 참조해 모든 끈의 끝을 자르고 불에 녹여서 마감한다.

[43·44·45 배색과 재단 치수]

	43	44	45
a	네온 그린 (1768) 220cm × 1줄	카키 (1640) 220cm × 1줄	라이트 그레이 (1686) 220cm × 1줄
b	허니콤 아쿠아마린 (1655) 140cm × 2줄	허니콤 오렌지 (1654) 140cm × 2줄	세이지 (1681) 120cm × 2줄
c	네온 그린 (1768) 50cm × 1줄	오렌지 (1623) 50cm × 1줄	세이지 (1681) 50cm × 1줄
d		오렌지 (1623) 110cm × 2줄	

46-48

Photo = P.41

[재료]

아웃도어 코드 (46·47)

슬림 코드 (48)

※ 색상과 재단 치수는 아래 표를 참조한다.

【시작 도안】　【끝 도안】

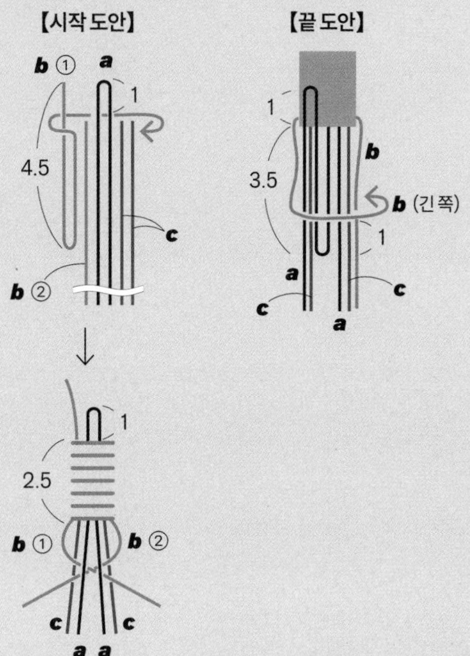

[46·47·48 배색과 재단 치수]

	46	47	48
a	리플렉터 화이트 (1631) 140cm × 1줄	허니콤 마젠타 (1651) 140cm × 1줄	마젠타 (1675) 150cm × 1줄
b	라이트 퍼플 (1658) 120cm × 2줄	블루 그레이 (1670) 120cm × 2줄	실버 (1690) 120cm × 2줄
c	마젠타 (1622) 60cm × 2줄	허니콤 마젠타 (1651) 60cm × 2줄	라이트 그레이 (1686) 70cm × 2줄

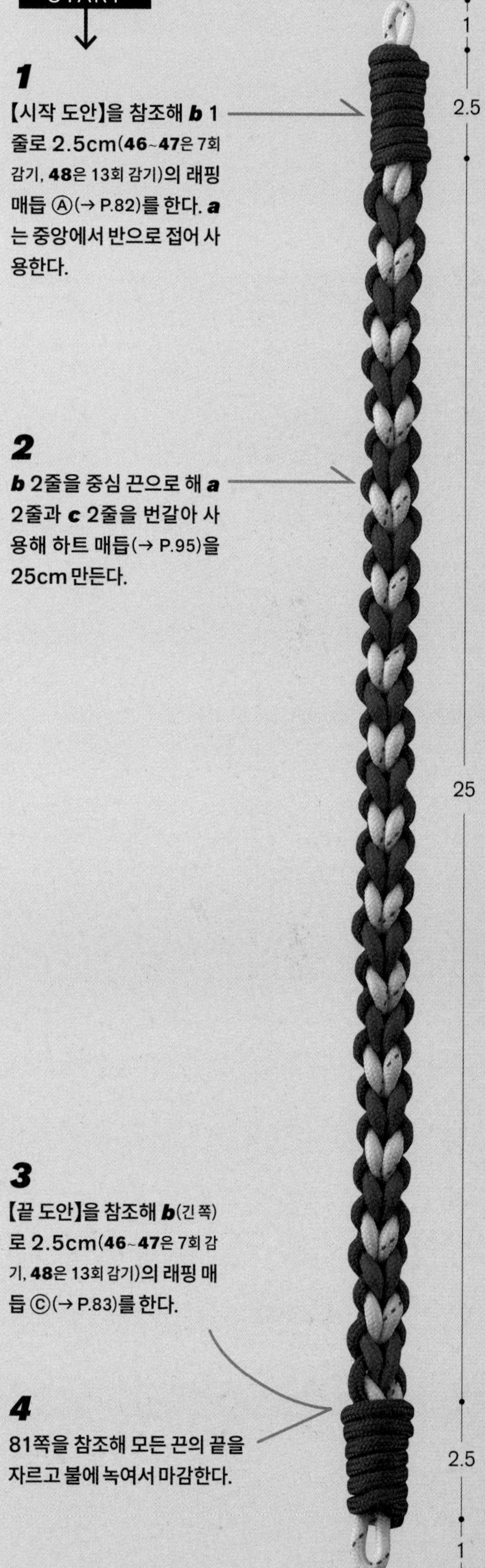

1

【시작 도안】을 참조해 **b** 1 줄로 2.5cm(46~47은 7회 감기, 48은 13회 감기)의 래핑 매듭 Ⓐ(→ P.82)를 한다. **a** 는 중앙에서 반으로 접어 사용한다.

2

b 2줄을 중심 끈으로 해 **a** 2줄과 **c** 2줄을 번갈아 사용해 하트 매듭(→ P.95)을 25cm 만든다.

3

【끝 도안】을 참조해 **b**(긴 쪽) 로 2.5cm(46~47은 7회 감기, 48은 13회 감기)의 래핑 매듭 Ⓒ(→ P.83)를 한다.

4

81쪽을 참조해 모든 끈의 끝을 자르고 불에 녹여서 마감한다.

[매듭 종류] 좌우엮기 / 엔드리스 폴스 매듭 / 래핑 매듭 Ⓐ·Ⓒ
[How to make] → P.46

49

[매듭 종류] 좌우엮기 / 엔드리스 폴스 매듭 / 래핑 매듭 Ⓐ·Ⓒ [How to make] → P.46

50

51

52

53

[매듭 종류] 돌려엮기 / 평매듭 / 래핑 매듭 Ⓐ·Ⓒ　[How to make] → P.47

[매듭 종류] 돌려엮기 / 평매듭 / 래핑 매듭 Ⓐ·Ⓒ　[How to make] → P.47

[매듭 종류] 돌려엮기 / 평매듭 / 래핑 매듭 Ⓐ·Ⓒ　[How to make] → P.47

[재료]

아웃도어 코드

a : 220cm × 1줄
b : 100cm × 1줄
c : 180cm × 1줄

※ 색상은 아래 표를 참조한다.

【시작 도안】

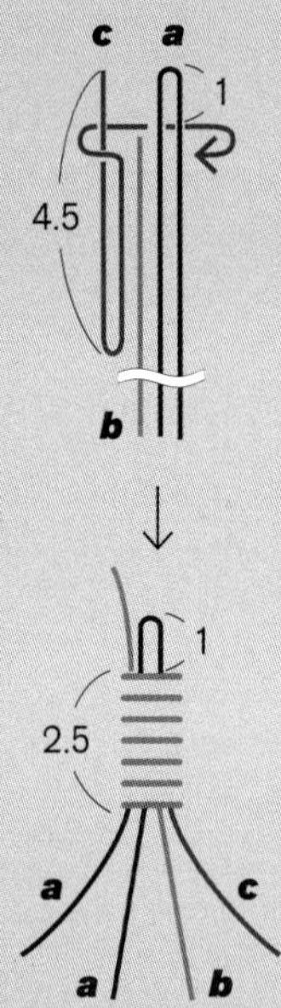

【끝 도안】

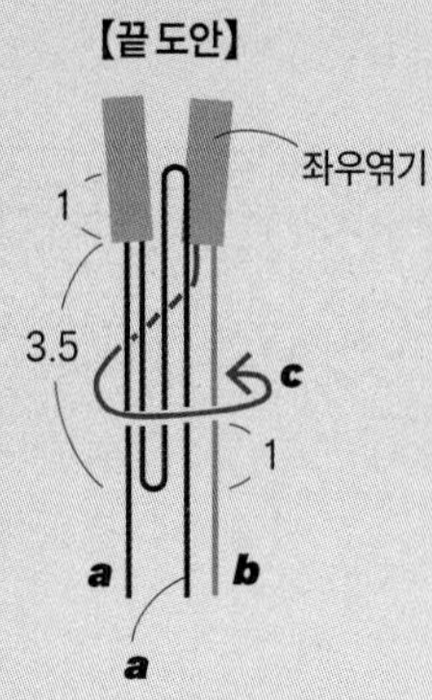

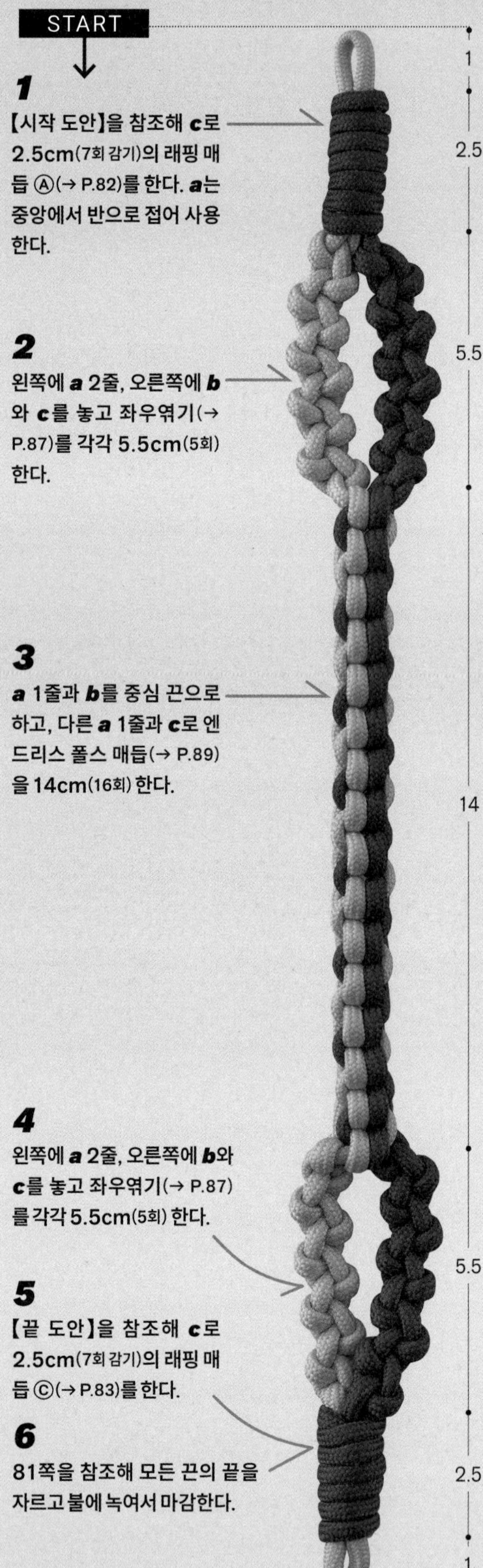

1

【시작 도안】을 참조해 **c**로 2.5cm(7회 감기)의 래핑 매듭 Ⓐ(→ P.82)를 한다. **a**는 중앙에서 반으로 접어 사용 한다.

2

왼쪽에 **a** 2줄, 오른쪽에 **b**와 **c**를 놓고 좌우엮기(→ P.87)를 각각 5.5cm(5회) 한다.

3

a 1줄과 **b**를 중심 끈으로 하고, 다른 **a** 1줄과 **c**로 엔드리스 폴스 매듭(→ P.89)을 14cm(16회) 한다.

4

왼쪽에 **a** 2줄, 오른쪽에 **b**와 **c**를 놓고 좌우엮기(→ P.87)를 각각 5.5cm(5회) 한다.

5

【끝 도안】을 참조해 **c**로 2.5cm(7회 감기)의 래핑 매듭 Ⓒ(→ P.83)를 한다.

6

81쪽을 참조해 모든 끈의 끝을 자르고 불에 녹여서 마감한다.

[49·50 배색]

	49	50
a	레드 (1621)	옐로 그린 (1625)
b	다이아몬드 카모 (1643)	라이트 퍼플 (1658)
c	다이아몬드 카모 (1643)	라이트 퍼플 (1658)

[재료]

아웃도어 코드
a : 220cm × 1줄
b : 160cm × 1줄
※ 색상은 아래 표를 참조한다.

【시작 도안】

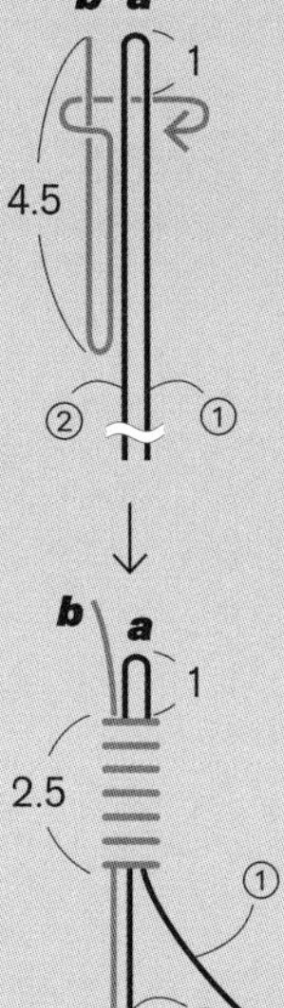

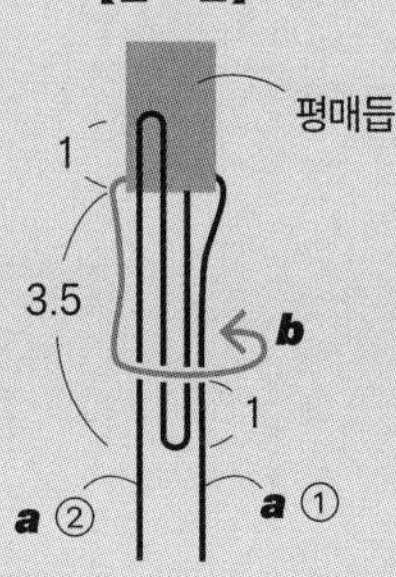

【끝 도안】

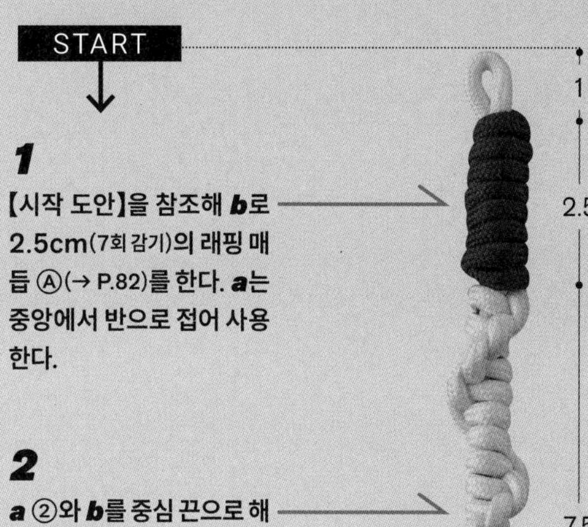

1

【시작 도안】을 참조해 **b**로 2.5cm(7회 감기)의 래핑 매듭 Ⓐ(→ P.82)를 한다. **a**는 중앙에서 반으로 접어 사용한다.

2

a ②와 **b**를 중심 끈으로 해 **a** ①로 돌려엮기(→ P.84)를 7.5cm(20회) 한다.

3

a ①을 중심 끈으로 해 **a** ②와 **b**로 평매듭(→ P.86)을 17.5cm(20회) 한다.

4

【끝 도안】을 참조해 **b**로 2.5cm(7회 감기)의 래핑 매듭 Ⓒ(→ P.83)를 한다.

5

81쪽을 참조해 모든 끈의 끝을 자르고 불에 녹여서 마감한다.

[51·52·53 배색]

	51	**52**	**53**
a	블랙 (1646)	네온 옐로 (1767)	퍼플 (1630)
b	옐로 카모 (1693)	그린 (1626)	프렌치 카모 (1637)

56

55

54

57

58

59

[재료]

아웃도어 코드
a : 200cm × 1줄
b : 140cm × 2줄
※ 색상은 아래 표를 참조한다.

【시작 도안】

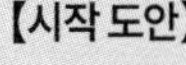
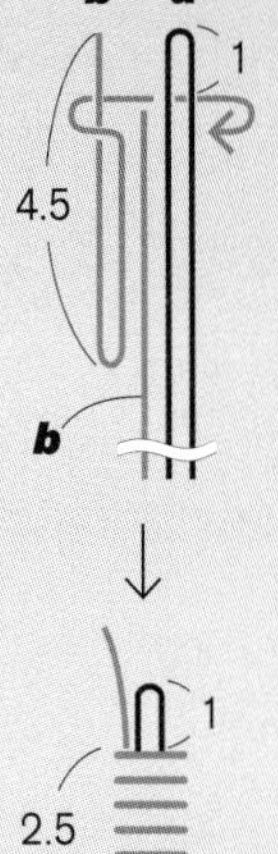

【끝 도안】

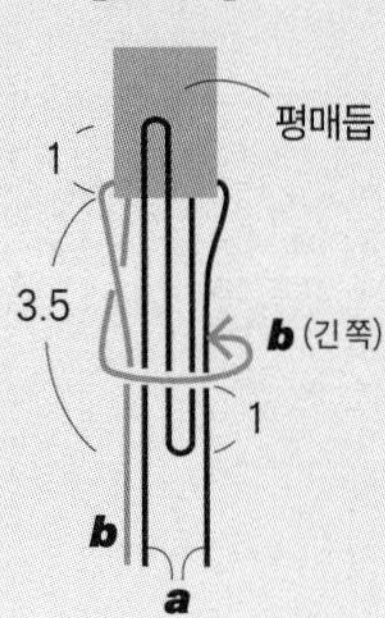

[54·55·56 배색]

	54	55	56
a	멀티 믹스 (1794)	브라운 (1649)	네이비 (1648)
b	블루 그레이 (1670)	허니콤 오렌지 (1654)	베이지 믹스 (1764)

1

【시작 도안】을 참조해 ***b***로 2.5cm(7회 감기)의 래핑 매듭 Ⓐ(→ P.82)를 한다. ***a***는 중앙에서 반으로 접어 사용한다.

2

b 2줄을 중심 끈으로 해 ***a*** 2줄로 평돌기 매듭(→ P.89)을 6.5cm(15회) 한다.

3

4줄을 합쳐서 한매듭(→ P.82)을 1회 한다.

4

a 2줄을 중심 끈으로 해 ***b*** 2줄로 피시테일 매듭(→ P.85)을 8cm(21회) 한다.

5

b 2줄을 중심 끈으로 해 ***a*** 2줄로 평돌기 매듭을 3cm(8회) 한다.

6

4줄을 합쳐서 한매듭을 1회 한다.

7

a와 ***b*** 각 1줄을 중심 끈으로 하고, 나머지 ***a***와 ***b***로 평매듭(→ P.86)을 4.5cm(5회) 한다.

8

【끝 도안】을 참조해 ***b***(긴 쪽)로 2.5cm(7회 감기)의 래핑 매듭 Ⓒ(→ P.83)를 한다.

9

81쪽을 참조해 모든 끈의 끝을 자르고 불에 녹여서 마감한다.

57-59 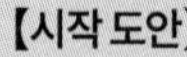 Photo = P.49

[재료]
아웃도어 코드
a : 150cm × 1줄
b : 150cm × 1줄
※ 색상은 아래 표를 참조한다.

【시작 도안】

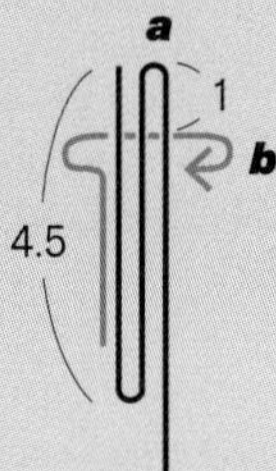

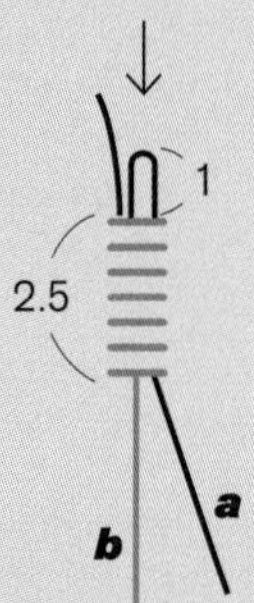

【끝 도안】

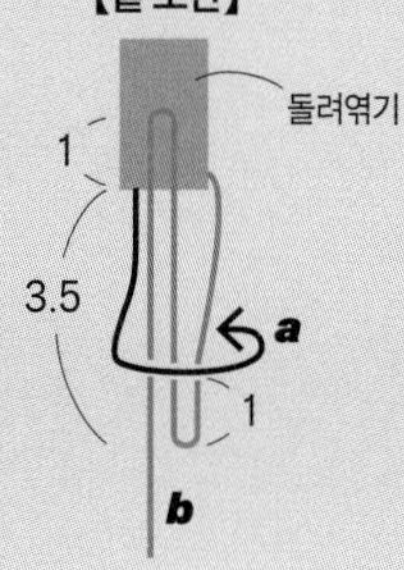

[57·58·59 배색]

	57	58	59
a	스트로베리 카모 (1642)	베이지 (1659)	퍼플 (1630)
b	차콜 믹스 (1766)	옐로 그린 (1625)	애시 블루 (1647)

1
【시작 도안】을 참조해 **b**로 2.5cm(7회 감기)의 래핑 매듭 Ⓑ(→ P.83)를 한다.

2
b를 중심 끈으로 해 **a**로 돌려엮기(→ P.84)를 5cm(12회) 한다.

3
a와 **b**로 좌우엮기(→ P.87)를 2cm(2회) 한다.

4
a를 중심 끈으로 해 **b**로 돌려엮기를 5cm(12회) 한다.

5
a와 **b**로 좌우엮기를 2cm(2회) 한다.

6
b를 중심 끈으로 해 **a**로 돌려엮기를 5cm(12회) 한다.

7
a와 **b**로 좌우엮기를 2cm(2회) 한다.

8
a를 중심 끈으로 해 **b**로 돌려엮기를 5cm(12회) 한다.

9
【끝 도안】을 참조해 **a**로 2.5cm(7회 감기)의 래핑 매듭 Ⓒ(→ P.83)를 한다.

10
81쪽을 참조해 모든 끈의 끝을 자르고 불에 녹여서 마감한다.

60

[매듭 종류] 꽃매듭 '6장' / 꽁매듭 / 4줄 둥글게 땋기(줄무늬) / 래핑 매듭 Ⓐ·Ⓒ [How to make] → P.54

61

[매듭 종류] 꽃매듭 '6장' / 꽁매듭 / 4줄 둥글게 땋기(줄무늬) / 래핑 매듭 Ⓐ·Ⓒ [How to make] → P.54

62

[매듭 종류] 꽃매듭 '6장' / 꽁매듭 / 4줄 둥글게 땋기(줄무늬) / 래핑 매듭 Ⓐ·Ⓒ [How to make] → P.54

[매듭 종류] 꽃매듭 '6장' / 꽃매듭 '4장' / 래핑 매듭 Ⓐ·Ⓒ [How to make] → P.55

[매듭 종류] 꽃매듭 '6장' / 꽃매듭 '4장' / 래핑 매듭 Ⓐ·Ⓒ [How to make] → P.55

[매듭 종류] 꽃매듭 '6장' / 꽃매듭 '4장' / 래핑 매듭 Ⓐ·Ⓒ [How to make] → P.55

60-62

Photo = P.52

[재료]

아웃도어 코드

a : 200cm × 1줄

b : 85cm × 2줄

※ 색상은 아래 표를 참조한다.

【시작 도안】

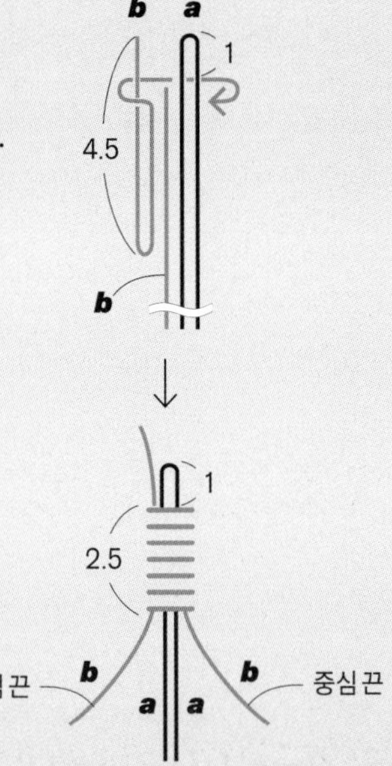

【끝 도안】

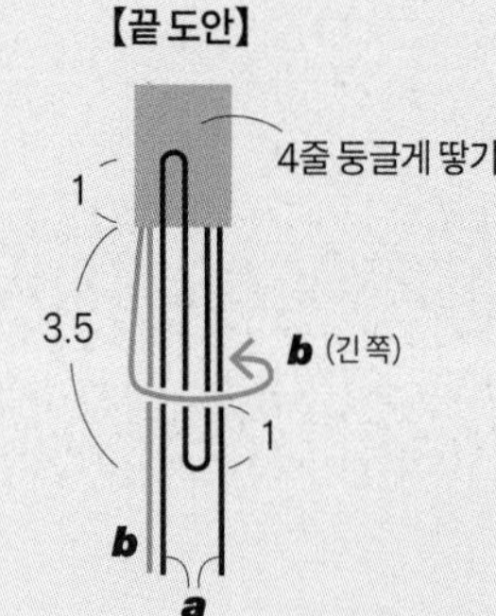

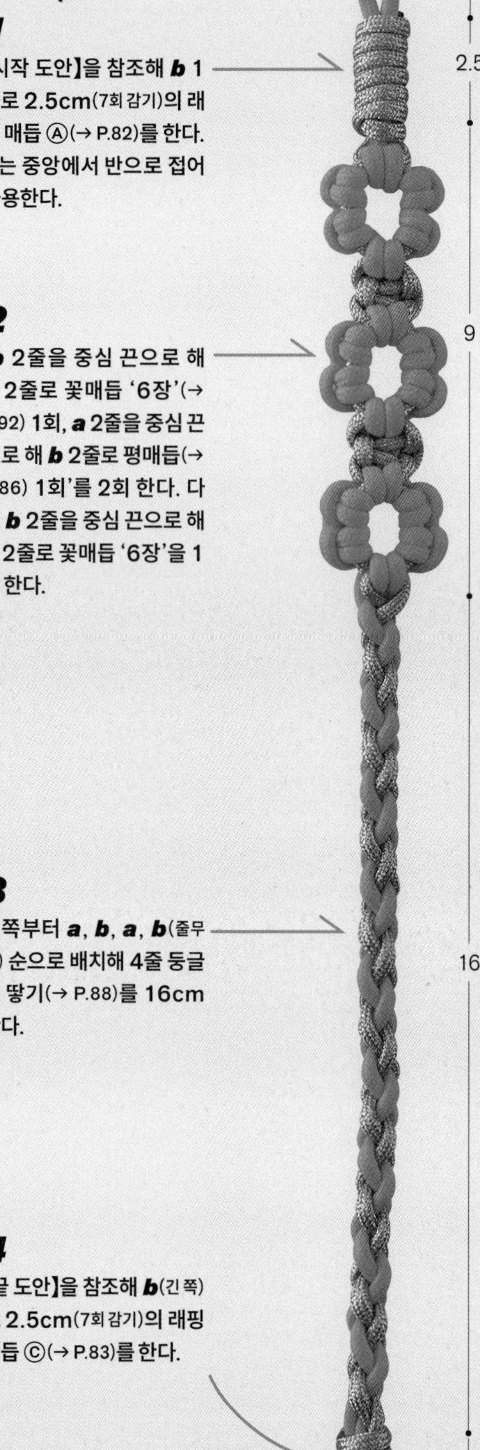

1

【시작 도안】을 참조해 **b** 1 줄로 2.5cm(7회 감기)의 래 핑 매듭 Ⓐ(→ P.82)를 한다. **a**는 중앙에서 반으로 접어 사용한다.

2

'**b** 2줄을 중심 끈으로 해 **a** 2줄로 꽃매듭 '6장'(→ P.92) 1회, **a** 2줄을 중심 끈 으로 해 **b** 2줄로 평매듭(→ P.86) 1회'를 2회 한다. 다 시 **b** 2줄을 중심 끈으로 해 **a** 2줄로 꽃매듭 '6장'을 1 회 한다.

3

왼쪽부터 **a**, **b**, **a**, **b**(줄무 늬) 순으로 배치해 4줄 둥글 게 땋기(→ P.88)를 16cm 한다.

4

【끝 도안】을 참조해 **b**(긴 쪽) 로 2.5cm(7회 감기)의 래핑 매듭 Ⓒ(→ P.83)를 한다.

5

81쪽을 참조해 모든 끈의 끝을 자르고 불에 녹여서 마감한다.

[60·61·62 배색]

	60	61	62
a	네온 오렌지 (1769)	퍼플 (1630)	네온 옐로 (1767)
b	실버 (1792)	리플렉터 화이트 (1631)	블루 그레이 (1670)

63-65

Photo = P.53

[재료]

아웃도어 코드

a : 310cm × 1줄

b : 130cm × 2줄

※ 색상은 아래 표를 참조한다.

【시작 도안】

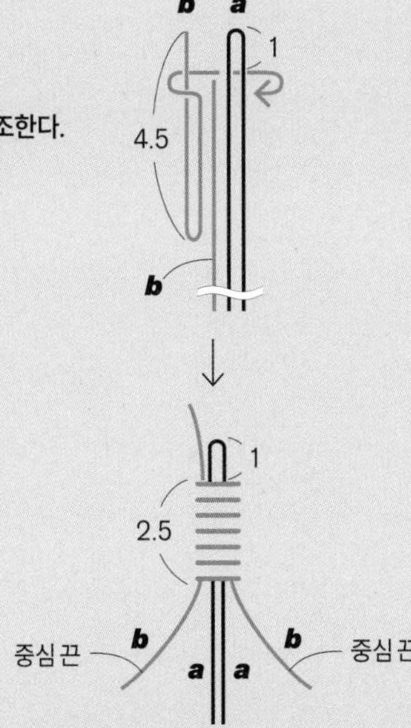

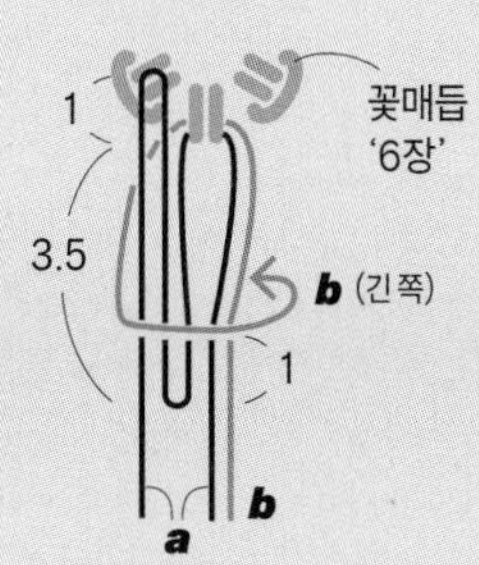

【끝 도안】

1

【시작 도안】을 참조해 **b** 1 줄로 2.5cm(7회 감기)의 래 핑 매듭 Ⓐ(→ P.82)를 한다. **a**는 중앙에서 반으로 접어 사용한다.

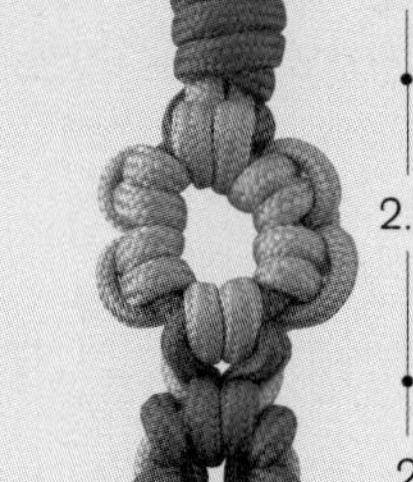

2

'**b** 2줄을 중심 끈으로 해 **a** 2줄로 꽃매듭 '6장'(→ P.92) 1회, **a** 2줄을 중심 끈 으로 해 **b** 2줄로 꽃매듭 '4 장'(→ P.92) 1회'를 5회 한 다. 다시 **b** 2줄을 중심 끈으 로 해 **a** 2줄로 꽃매듭 '6장' 을 1회 한다.

3

【끝 도안】을 참조해 **b**(긴 쪽)로 2.5cm(7회 감기)의 래핑 매듭 Ⓒ(→ P.83)를 한다.

4

81쪽을 참조해 모든 끈의 끝을 자르고 불에 녹여서 마감한다.

[63·64·65 배색]

	63	64	65
a	네온 핑크 (1770)	애시 블루 (1647)	옐로 그린 (1625)
b	베이지 (1659)	카키 (1640)	허니콤 오렌지 (1654)

[매듭 종류] 꽃매듭 '4장' / 평매듭 / 평돌기 매듭 / 래핑 매듭 Ⓐ·Ⓒ [How to make] → P.58

[매듭 종류] 꽃매듭 '4장' / 평매듭 / 평돌기 매듭 / 래핑 매듭 Ⓐ·Ⓒ [How to make] → P.58

[매듭 종류] 꽃매듭 '4장' / 평매듭 / 평돌기 매듭 / 래핑 매듭 Ⓐ·Ⓒ　[How to make] → P.58

[매듭 종류] 꽃매듭 '4장' / 평매듭 / 평돌기 매듭 / 래핑 매듭 Ⓐ·Ⓒ　[How to make] → P.58

[매듭 종류] 꽃매듭 '4장' / 평매듭 / 평돌기 매듭 / 래핑 매듭 Ⓐ·Ⓒ　[How to make] → P.58

<u>69</u>

<u>70</u>

[매듭 종류] 발바닥 젤리 매듭 / 평매듭 / 4줄 둥글게 땋기 (보더 무늬) / 래핑 매듭 Ⓐ·Ⓒ　[How to make] → P.59

[매듭 종류] 발바닥 젤리 매듭 / 평매듭 / 4줄 둥글게 땋기 (보더 무늬) / 래핑 매듭 Ⓐ·Ⓒ　[How to make] → P.59

66-70 Photo = P.56·57

[재료]

아웃도어 코드 (66·67·68)
a : 290cm × 1줄
b : 105cm × 2줄

슬림 코드 (69·70)
a : 290cm × 1줄
b : 105cm × 2줄
※ 색상은 아래 표를 참조한다.

【시작 도안】

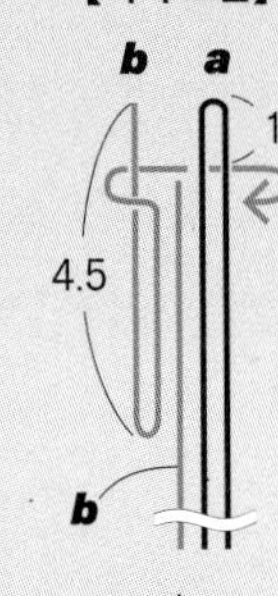

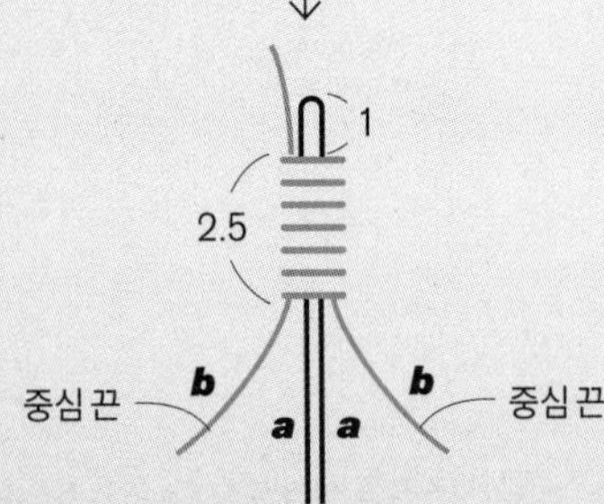

【끝 도안】

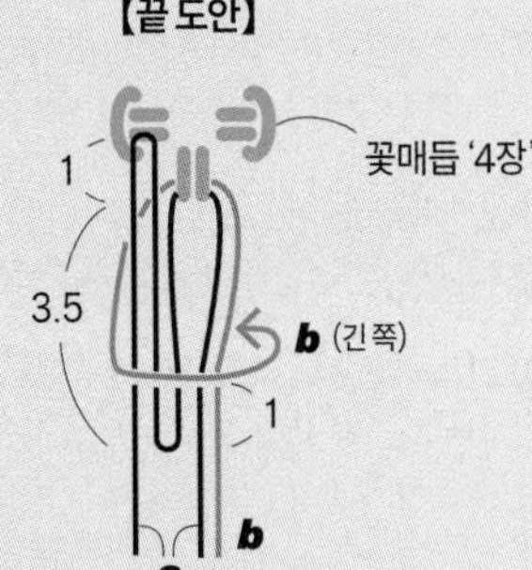

[66·67·68 배색]

	66	67	68
a	레드 (1621)	멀티 실버 (1793)	글로우 핑크 (1663)
b	그레이 믹스 (1765)	라이트 퍼플 (1658)	베이지 (1659)

[69·70 배색]

	69	70
a	골드 (1689)	네온 오렌지 (1722)
b	그린 (1682)	네이비 (1678)

START

1
【시작 도안】을 참조해 **b** 1줄로 2.5cm(**66~68**은 7회 감기, **69~70**은 13회 감기)의 래핑 매듭 Ⓐ(→ P.82)를 한다. **a**는 중앙에서 반으로 접어 사용한다.

2
'**b** 2줄을 중심 끈으로 해 **a** 2줄로 꽃매듭 '4장'(→ P.92) 1회, **a** 2줄을 중심 끈으로 해 **b** 2줄로 평매듭(→ P.86) 1회'를 **66~68**은 3회, **69~70**은 5회 한다.

3
b 2줄을 중심 끈으로 해 **a** 2줄로 평돌기 매듭(→ P.89)을 8cm 한다.

4
'**a** 2줄을 중심 끈으로 해 **b** 2줄로 평매듭 1회, **b** 2줄을 중심 끈으로 해 **a** 2줄로 꽃매듭 '4장' 1회'를 **66~68**은 3회, **69~70**은 5회 한다.

5
【끝 도안】을 참조해 **b**(긴 쪽)로 2.5cm(**66~68**은 7회 감기, **69~70**은 13회 감기)의 래핑 매듭 Ⓒ(→ P.83)를 한다.

6
81쪽을 참조해 모든 끈의 끝을 자르고 불에 녹여서 마감한다.

"

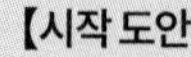

[재료]

아웃도어 코드 (71)
a : 170cm × 1줄
b : 110cm × 2줄

슬림 코드 (72)
a : 170cm × 1줄
b : 110cm × 2줄
※ 색상은 아래 표를 참조한다.

【시작 도안】

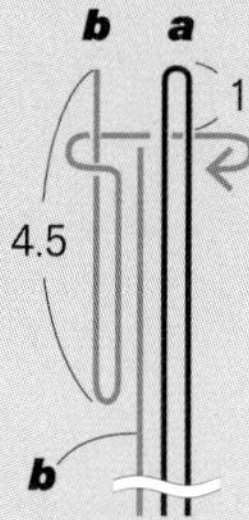

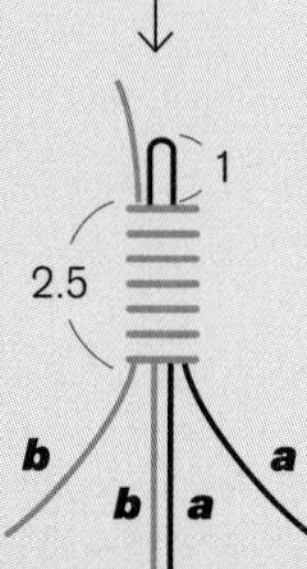

【끝 도안】

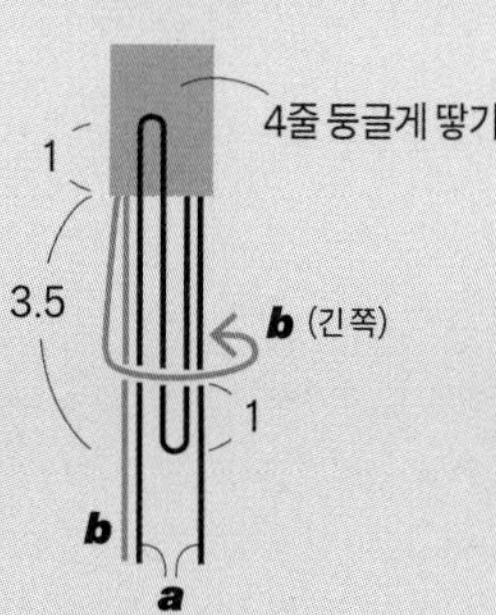

[71·72 배색]

	71	72
a	골드 (1791)	블루 그레이 (1687)
b	블루 (1629)	네온 라임 (1721)

START

1
【시작 도안】을 참조해 **b** 1 줄로 2.5cm(**71**은 7회 감기, **72**는 13회 감기)의 래핑 매듭 Ⓐ(→ P.82)를 한다. **a**는 중앙에서 반으로 접어 사용한다.

2
왼쪽부터 **b**, **b**, **a**, **a**(보더 무늬) 순으로 배치해 4줄 둥글게 땋기(→ P.88)를 6cm 한다.

3
‘**b** 2줄을 중심 끈으로 해 **a** 2줄로 평매듭(→ P.86) 1회, **a** 2줄을 중심 끈으로 해 **b** 2줄로 발바닥 젤리 매듭(→ P.93) 1회’를 **71**은 5회, **72**는 8회 한다. 다시 **b** 2줄을 중심 끈으로 해 **a** 2줄로 평매듭을 1회 한다.

4
왼쪽부터 **b**, **b**, **a**, **a**(보더 무늬) 순으로 배치해 4줄 둥글게 땋기를 6cm 한다.

5
【끝 도안】을 참조해 **b**(긴 쪽)로 2.5cm(**71**은 7회 감기, **72**는 13회 감기)의 래핑 매듭 Ⓒ(→ P.83)를 한다.

6
81쪽을 참조해 모든 끈의 끝을 자르고 불에 녹여서 마감한다.

[매듭 종류] 3줄 땋기 / 부트레이스 매듭 / 래킹 매듭 Ⓐ·Ⓒ [How to make] → P.62

[매듭 종류] 3줄 땋기 / 부트레이스 매듭 / 래킹 매듭 Ⓐ·Ⓒ [How to make] → P.62

[매듭 종류] 3줄 땋기 / 부트레이스 매듭 / 래킹 매듭 Ⓐ·Ⓒ [How to make] → P.62

77

[매듭 종류]
스네이크 매듭 /
지퍼 시넷 매듭 /
래핑 매듭 Ⓑ·Ⓒ
[How to make] → P.63

76

[매듭 종류]
스네이크 매듭 /
지퍼 시넷 매듭 /
래핑 매듭 Ⓑ·Ⓒ
[How to make] → P.63

78

[매듭 종류]
스네이크 매듭 /
지퍼 시넷 매듭 /
래핑 매듭 Ⓑ·Ⓒ
[How to make] → P.63

73-75 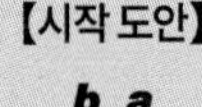 Photo = P.60

[재료]

아웃도어 코드
a : 170cm × 1줄
b : 95cm × 1줄
※ 색상은 아래 표를 참조한다.

【시작 도안】

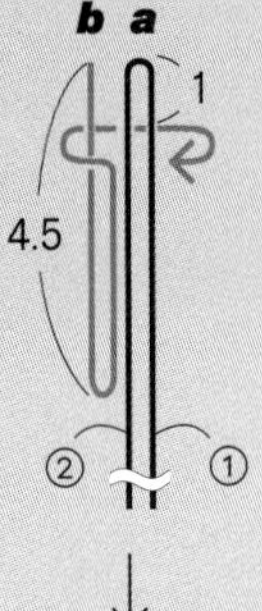

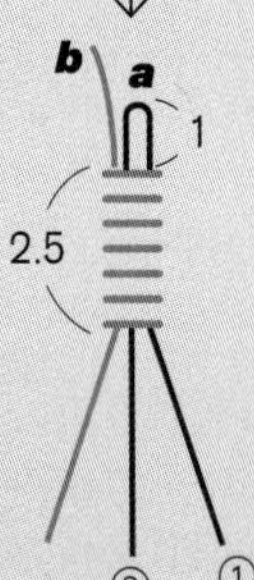

【끝 도안】

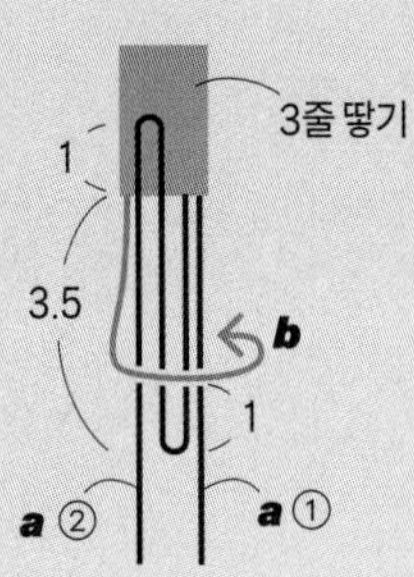

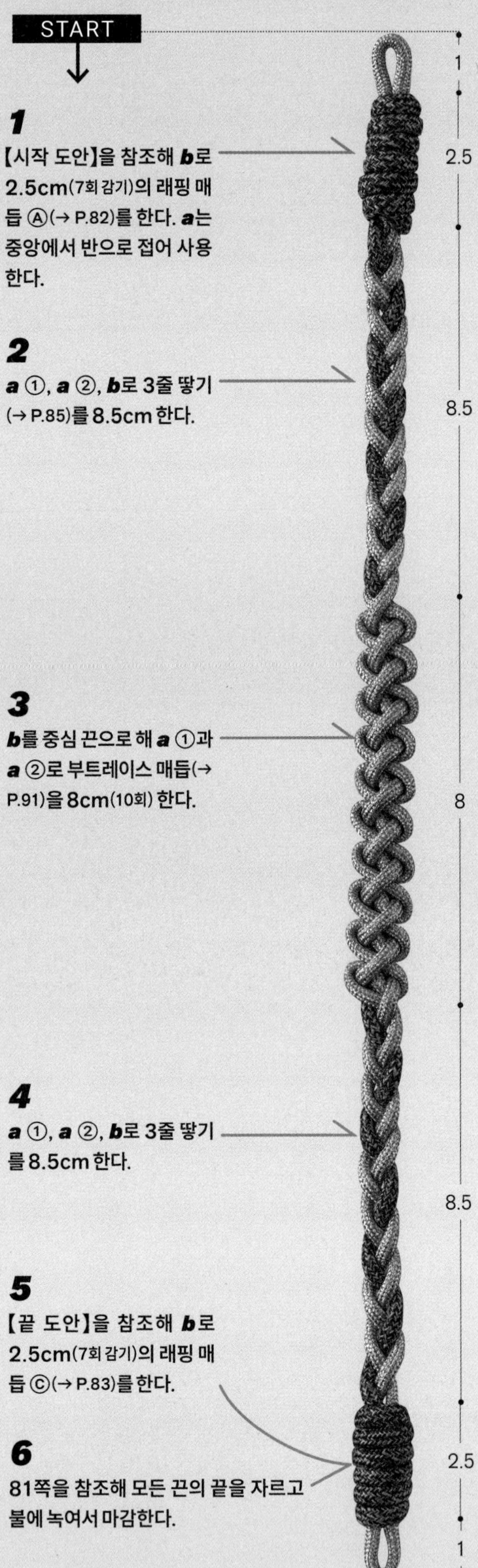

1

【시작 도안】을 참조해 **b**로
2.5cm(7회 감기)의 래핑 매
듭 Ⓐ(→ P.82)를 한다. **a**는
중앙에서 반으로 접어 사용
한다.

2

a ①, **a** ②, **b**로 3줄 땋기
(→ P.85)를 8.5cm 한다.

3

b를 중심 끈으로 해 **a** ①과
a ②로 부트레이스 매듭(→
P.91)을 8cm(10회) 한다.

4

a ①, **a** ②, **b**로 3줄 땋기
를 8.5cm 한다.

5

【끝 도안】을 참조해 **b**로
2.5cm(7회 감기)의 래핑 매
듭 Ⓒ(→ P.83)를 한다.

6

81쪽을 참조해 모든 끈의 끝을 자르고
불에 녹여서 마감한다.

[73·74·75 배색]

	73	74	75
a	실버 (1792)	네온 오렌지 (1769)	모스 믹스 (1763)
b	인디고 믹스 (1762)	리플렉터 블랙 (1633)	글로우 옐로 (1662)

76-78

Photo = P.61

[재료]

아웃도어 코드

a : 140cm × 1줄

b : 190cm × 1줄

※ 색상은 아래 표를 참조한다.

【시작 도안】

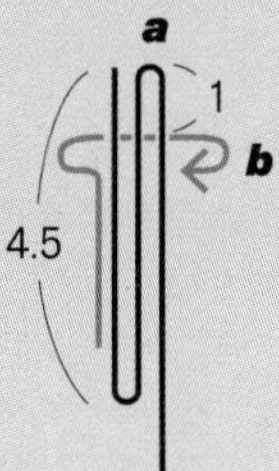

【끝 도안】

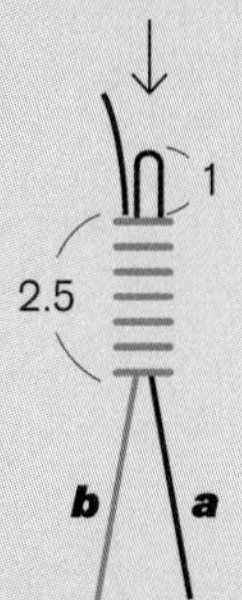

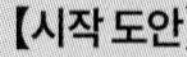

1

【시작 도안】을 참조해 ***b***로 2.5cm(7회 감기)의 래핑 매듭 Ⓑ(→ P.83)를 한다.

2

a와 ***b***로 스네이크 매듭(→ P.90)을 8cm(15회) 한다.

3

위아래 방향을 바꿔서 잡고, ***a***와 ***b***로 지퍼 시넷 매듭(→ P.90)을 17cm(20회) 한다.

4

위아래 방향을 원래대로 되돌리고 【끝 도안】을 참조해 ***b***로 2.5cm(7회 감기)의 래핑 매듭 Ⓒ(→ P.83)를 한다.

5

81쪽을 참조해 모든 끈의 끝을 자르고 불에 녹여서 마감한다.

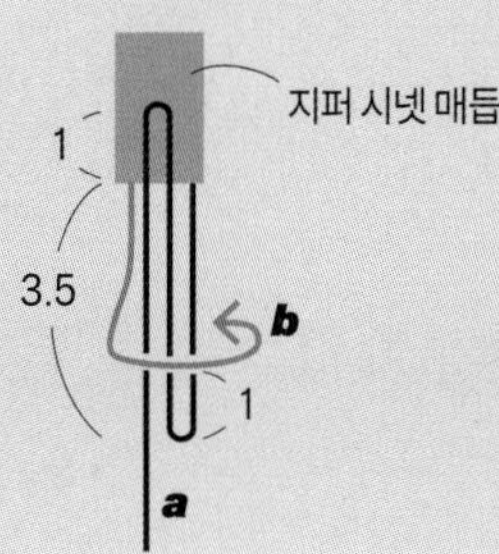

[76·77·78 배색]

	76	77	78
a	허니콤 아쿠아마린 (1655)	리플렉터 화이트 (1631)	다크 레드 (1657)
b	스카이블루 (1627)	네온 그린 (1768)	로즈 믹스 (1761)

81

[매듭 종류] 평돌기 매듭 / 돌려엮기 / 롤 감기 / 래핑 매듭 Ⓐ·Ⓒ [How to make] → P.66

[매듭 종류] 평돌기 매듭 / 돌려엮기 / 롤 감기 / 래핑 매듭 Ⓐ·Ⓒ [How to make] → P.66

[매듭 종류] 평돌기 매듭 / 돌려엮기 / 롤 감기 / 래핑 매듭 Ⓐ·Ⓒ [How to make] → P.66

82

[매듭 종류] 평매듭 / 풀 감기 / 래핑 매듭 Ⓐ·Ⓒ [How to make] → P.67

83

[매듭 종류] 평매듭 / 풀 감기 / 래핑 매듭 Ⓐ·Ⓒ [How to make] → P.67

84

[매듭 종류] 평매듭 / 풀 감기 / 래핑 매듭 Ⓐ·Ⓒ [How to make] → P.67

79-81

Photo = P.64

[재료]

아웃도어 코드

a : 180cm × 1줄

b : 160cm × 1줄

※ 색상은 아래 표를 참조한다.

【시작 도안】

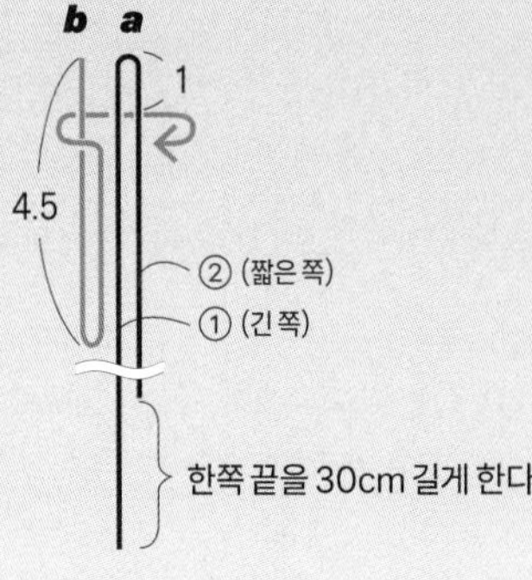

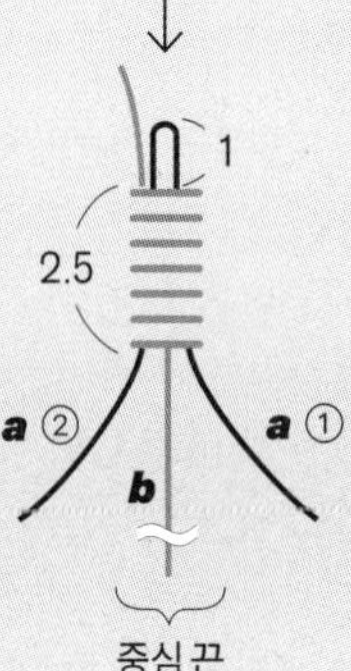

한쪽 끝을 30cm 길게 한다.

【끝 도안】

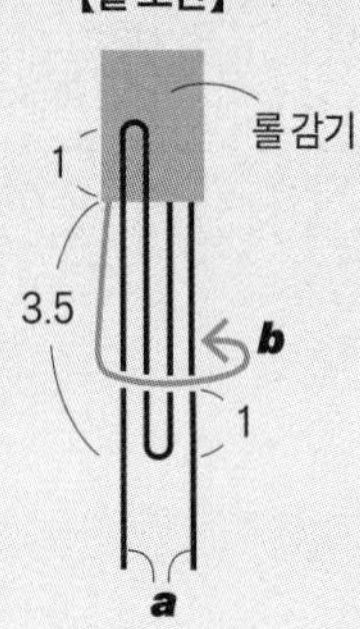

[79·80·81 배색]

	79	80	81
a	옐로 (1624)	허니콤 옐로그린 (1653)	브라운 (1649)
b	마젠타 (1622)	그린 (1626)	레드 카모 (1692)

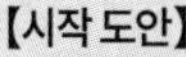

START

1

【시작 도안】을 참조해 **b**로 2.5cm (7회 감기)의 래핑 매듭 Ⓐ(→ P.82)를 한다. **a**는 30cm 차이가 나게 접어서 사용한다.

2

b를 중심 끈으로 해 **a** 2줄로 평돌기 매듭(→ P.89)을 5cm(12회) 한다.

3

a 2줄을 중심 끈으로 해 **b**로 돌려엮기(→ P.84)를 8cm(21회) 한다.

4

a ②를 중심 끈으로 해 **a** ①로 롤 감기(→ P.87)를 12cm(30회) 한다. **b**는 쉬어둔다.

5

b를 롤 감기의 표면 위에서 아래로 7회 느슨하게 감는다. 이때 **a** ①은 롤 감기가 느슨해지지 않게 핀 또는 테이프로 고정해 둔다.

6

【끝 도안】을 참조해 **b**로 2.5cm (7회 감기)의 래핑 매듭 Ⓒ(→ P.83)를 한다.

7

81쪽을 참조해 모든 끈의 끝을 자르고 불에 녹여서 마감한다.

82-84 Photo = P.65

[재료]

아웃도어 코드

a : 200cm × 1줄

b : 110cm × 2줄

※ 색상은 아래 표를 참조한다.

【시작 도안】

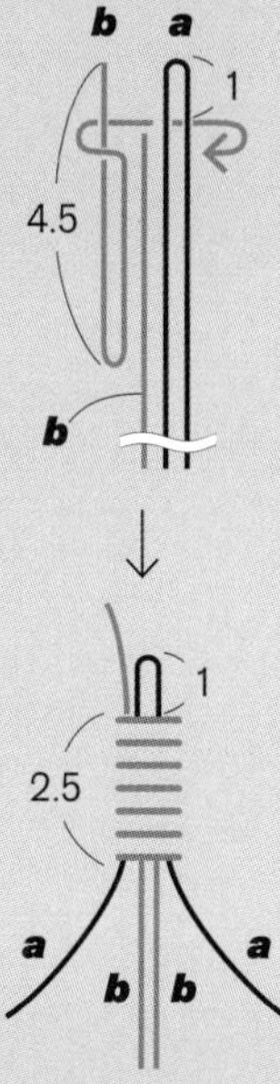

【끝 도안】

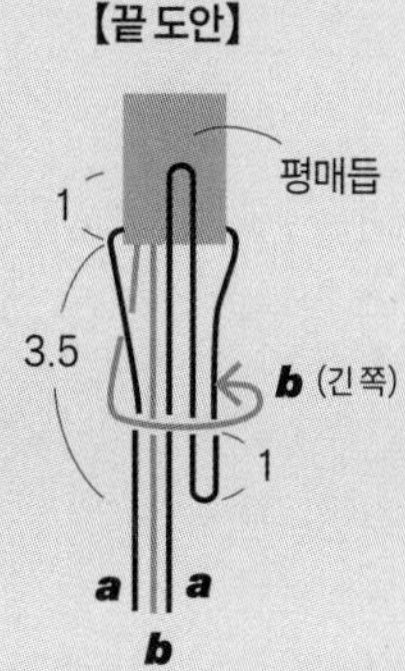

1

【시작 도안】을 참조해 ***b*** 1줄로 2.5cm(7회 감기)의 래핑 매듭 Ⓐ(→ P.82)를 한다. ***a***는 중앙에서 반으로 접어 사용한다.

2

b 2줄을 중심 끈으로 해 ***a*** 2줄로 평매듭(→ P.86) 1회를 한다. '중심 끈과 엮는 끈을 서로 바꿔 0.5cm 사이를 띄우고 평매듭 1회'를 4회 한다. 중심 끈과 엮는 끈을 바꿀 때는 중심 끈이 아래, 엮는 끈이 위가 되게 교차한다.

3

a와 ***b***를 1줄씩 좌우로 나눈다. '좌우 각각 ***a***를 중심 끈으로 해 ***b***로 롤 감기(→ P.87) 5회, ***a*** 2줄을 중심 끈으로 해 ***b*** 2줄로 평매듭 1회'를 ***a***와 ***b***를 바꾸면서 4회 한다. 좌우 2줄의 롤 감기는 1줄이 끝나면 느슨해지지 않게 핀 또는 테이프로 고정하면서 한다.

4

2의 '중심 끈과 엮는 끈을 서로 바꿔 0.5cm 사이를 띄우고 평매듭 1회'와 같은 방법으로 묶는다.

5

【끝 도안】을 참조해 ***b***(긴 쪽)로 2.5cm(7회 감기)의 래핑 매듭 Ⓒ(→ P.83)를 한다.

6

81쪽을 참조해 모든 끈의 끝을 자르고 불에 녹여서 마감한다.

[82·83·84 배색]

	82	83	84
a	허니콤 라벤더 (1656)	리플렉터 그레이 (1632)	캔디 카모 (1644)
b	블루 (1629)	네온 핑크 (1770)	카키 (1640)

85
86
87
[매듭 종류] 하트 매듭 / 피시본 매듭 / 래핑 매듭 Ⓐ·Ⓒ   [How to make] → P.70
[매듭 종류] 하트 매듭 / 피시본 매듭 / 래핑 매듭 Ⓐ·Ⓒ   [How to make] → P.70
[매듭 종류] 하트 매듭 / 피시본 매듭 / 래핑 매듭 Ⓐ·Ⓒ   [How to make] → P.70

90

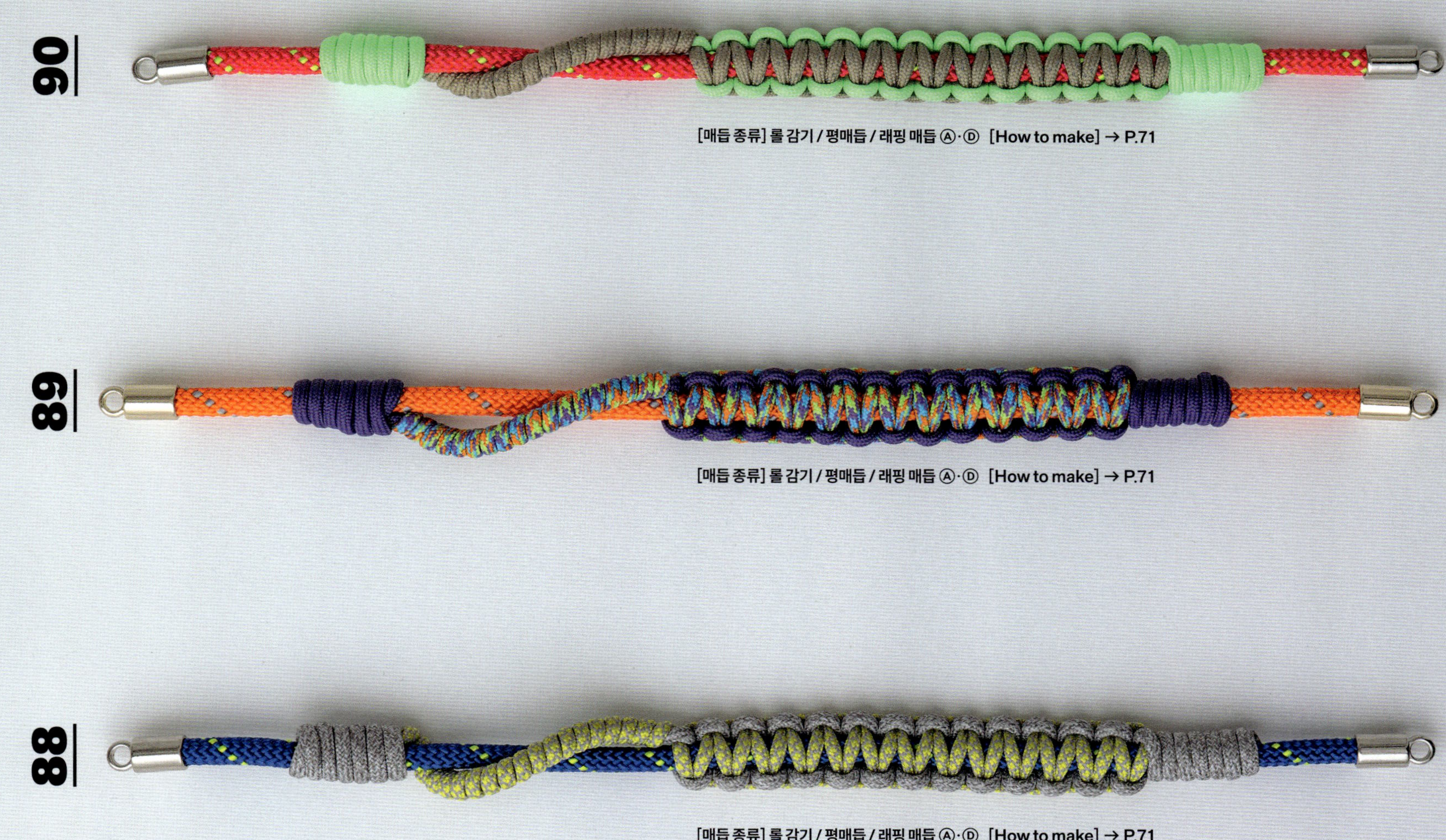

[매듭 종류] 롤 감기 / 평매듭 / 래핑 매듭 Ⓐ·Ⓓ　[How to make] → P.71

89

[매듭 종류] 롤 감기 / 평매듭 / 래핑 매듭 Ⓐ·Ⓓ　[How to make] → P.71

88

[매듭 종류] 롤 감기 / 평매듭 / 래핑 매듭 Ⓐ·Ⓓ　[How to make] → P.71

85-87 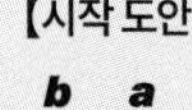

Photo = P.68

[재료]

아웃도어 코드

a : 150cm × 1줄
b : 110cm × 2줄
c : 45cm × 2줄
※ 색상은 아래 표를 참조한다.

【시작 도안】

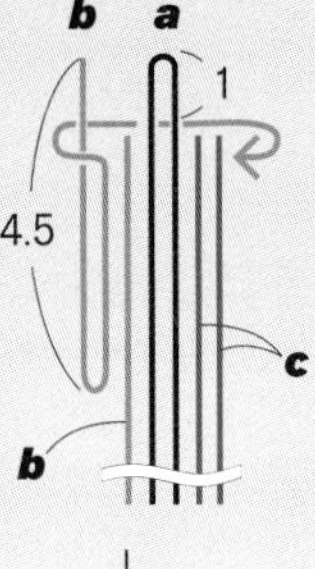

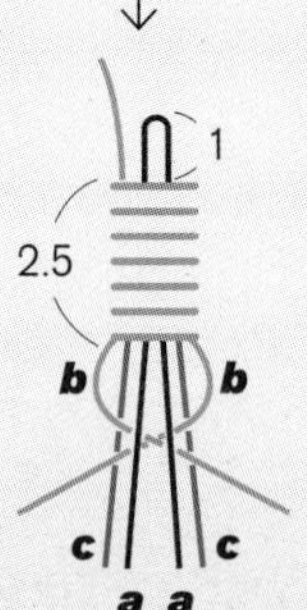

【끝 도안】

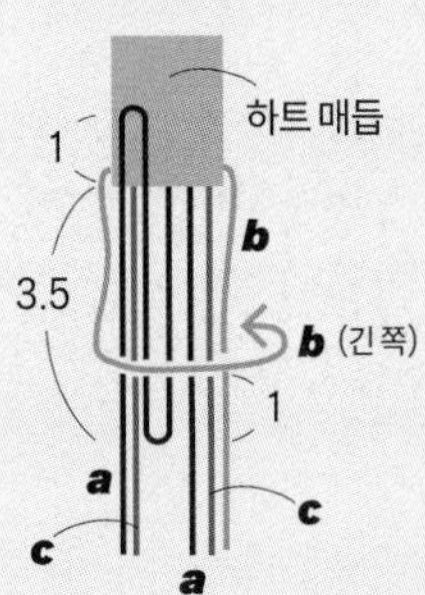

[85·86·87 배색]

	85	86	87
a	글로우 옐로 (1662)	화이트 (1639)	옐로 그린 (1625)
b	라이트 퍼플 (1658)	네이비 (1648)	골드 (1791)
c	아쿠아마린 (1628)	그레이 믹스 (1765)	오렌지 (1623)

START

1

【시작 도안】을 참조해 **b** 1
줄로 2.5cm(7회 감기)의 래
핑 매듭 Ⓐ(→ P.82)를 한다.
a는 중앙에서 반으로 접어
사용한다.

2

a 2줄을 안쪽, **c** 2줄을 바
깥쪽에 놓고, **b** 2줄을 중
심 끈으로 해 하트 매듭(→
P.95)을 7.5cm(9회) 한다.

3

c 2줄을 중심 끈으로 해 **b**
2줄과 **a** 2줄로 피시본 매
듭(→ P.95)을 10cm(5회)
한다. **b**의 평매듭으로 시작
한다.

4

a 2줄을 바깥쪽에, **c** 2줄
을 안쪽에 놓고, **b** 2줄을 중
심 끈으로 해 하트 매듭을
7.5cm(9회) 한다.

5

【끝 도안】을 참조해 **b**(긴 쪽)
로 2.5cm(7회 감기)의 래핑
매듭 Ⓒ(→ P.83)를 한다.

6

81쪽을 참조해 모든 끈의 끝을 자르고
불에 녹여서 마감한다.

88-90 Photo = P.69

[재료]

아웃도어 로프 (6mm)
… 30cm × 1줄

아웃도어 코드
a : 140cm × 1줄
b : 140cm × 1줄
※ 색상은 아래 표를 참조한다.

고리형 코드 캡 (6mm) … 2개
88·90 : 실버 (S1204)
89 : 골드 (G1205)

【시작 도안】

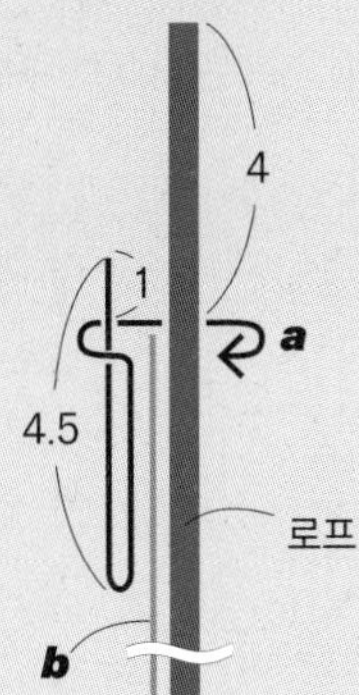

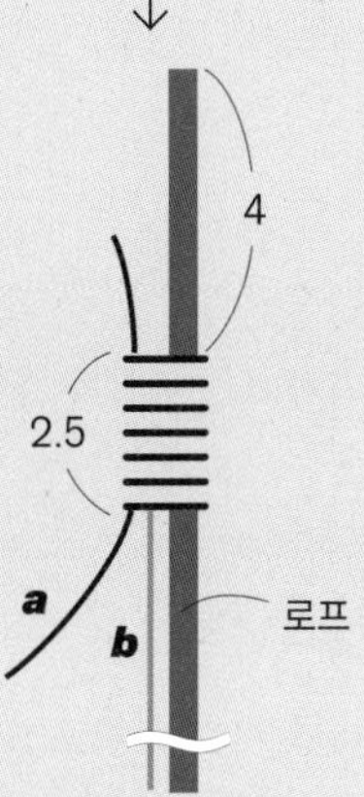

【끝 도안】

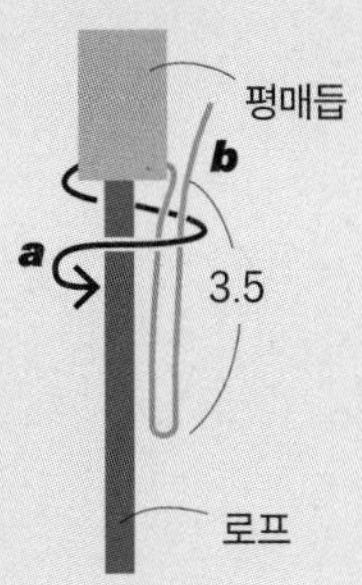

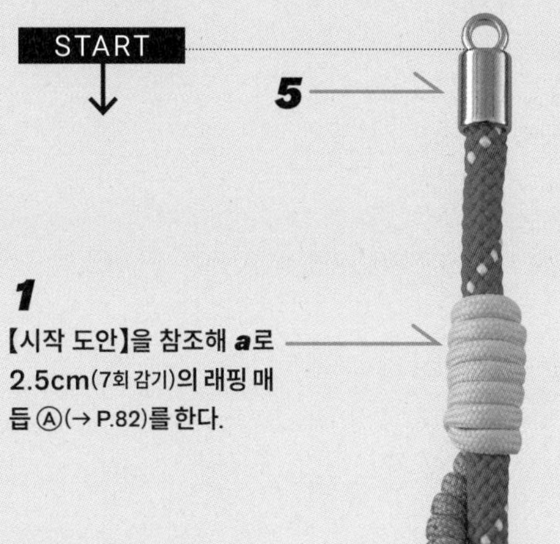

1
【시작 도안】을 참조해 **a**로 2.5cm(7회 감기)의 래핑 매듭 Ⓐ(→ P.82)를 한다.

2
a를 중심 끈으로 해 **b**로 롤 감기(→ P.87)를 7.5cm(18회) 한다. 완성한 롤 감기를 로프에 느슨하게 감는다. 로프 6.5cm에 감으면 된다.

3
왼쪽부터 **b**, 로프, **a**를 놓고, 로프를 중심 끈으로 해 **b**와 **a**로 평매듭(→ P.86)을 11.5cm(13회) 한다.

4
【끝 도안】을 참조해 **a**로 2.5cm(7회 감기)의 래핑 매듭 Ⓓ(→ P.83)를 한다.

5
81쪽을 참조해 로프 끝에 고리형 코드 캡을 붙인다.

6
81쪽을 참조해 모든 끈의 끝을 자르고 불에 녹여서 마감한다.

치수: 4 / 2.5 / 6.5 / 11.5 / 2.5 / 4

[88·89·90 배색]

	88	89	90
로프	코발트 (1825)	네온 오렌지 (1822)	네온 핑크 (1823)
a	그레이 믹스 (1765)	퍼플 (1630)	글로우 그린 (1661)
b	허니콤 옐로 (1652)	페스티벌 카모 (1645)	리플렉터 베이지 (1669)

[매듭 종류] 에반스 매듭 / 중심 끈이 있는 스네이크 매듭 / 래핑 매듭 Ⓐ·Ⓓ [How to make] → P.74

[매듭 종류] 에반스 매듭 / 중심 끈이 있는 스네이크 매듭 / 래핑 매듭 Ⓐ·Ⓓ [How to make] → P.74

95

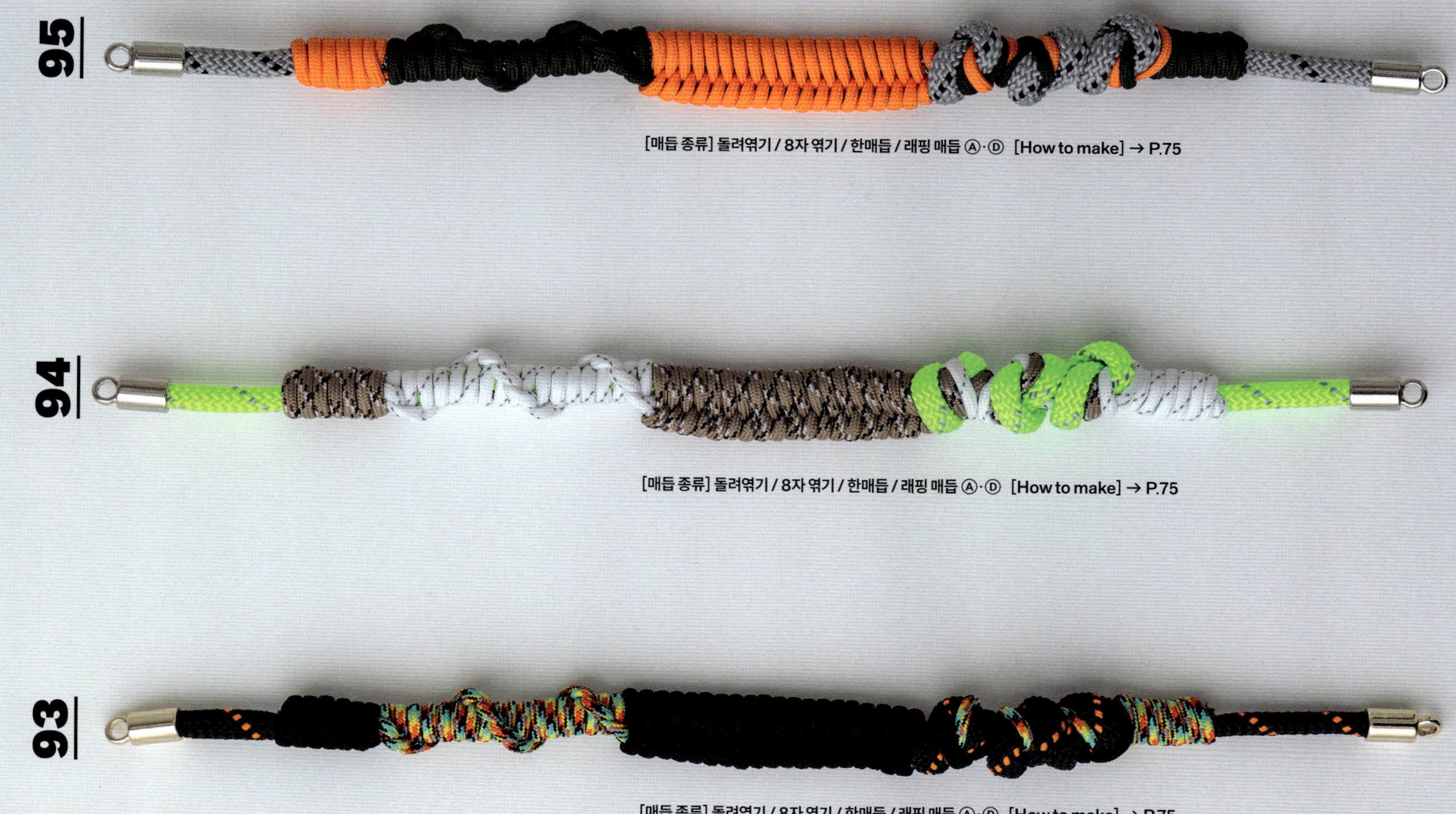

[매듭 종류] 돌려엮기 / 8자 엮기 / 한매듭 / 래핑 매듭 Ⓐ·Ⓓ [How to make] → P.75

94

[매듭 종류] 돌려엮기 / 8자 엮기 / 한매듭 / 래핑 매듭 Ⓐ·Ⓓ [How to make] → P.75

93

[매듭 종류] 돌려엮기 / 8자 엮기 / 한매듭 / 래핑 매듭 Ⓐ·Ⓓ [How to make] → P.75

91·92

[재료]

아웃도어 로프 (6mm)
… 85cm × 1줄

아웃도어 코드
a : 160cm × 1줄
b : 100cm × 1줄
※ 색상은 아래 표를 참조한다.

코드 캡 (6mm, 앤티크 골드) … 2개

【시작 도안】

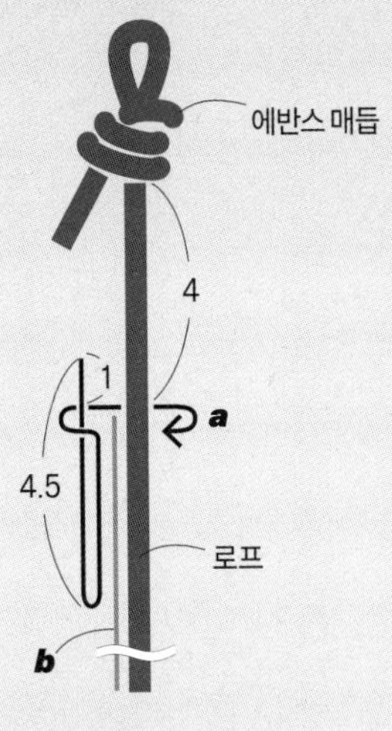

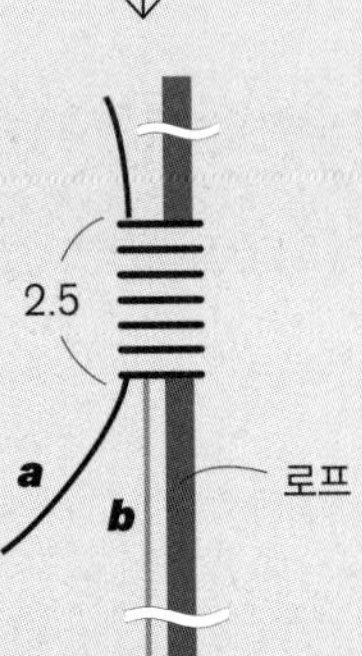

【끝 도안】

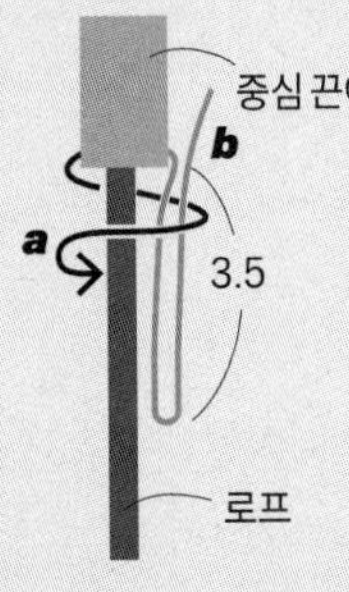

[91·92 배색]

	91	92
로프	카민 (1824)	네온 오렌지 (1822)
a	미드나이트 (1795)	카키 (1640)
b	리플렉터 블랙 (1633)	화이트 (1639)

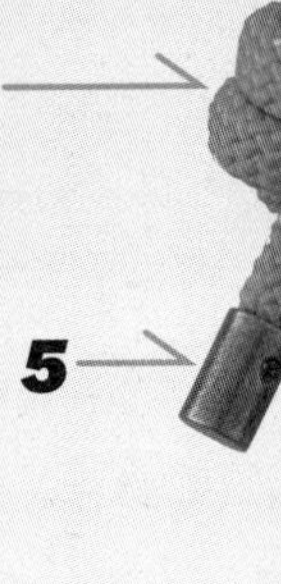

1

로프 끝에서 30cm 위치에 고리를 만들고 3회 감기의 에반스 매듭(→ P.84)을 한다. 고리는 2cm 길이로 만들어둔다. 반대쪽 끝도 똑같이 묶는다.

2

【시작 도안】을 참조해 **a**로 2.5cm(7회 감기)의 래핑 매듭 Ⓐ(→ P.82)를 한다.

3

로프를 중심 끈으로 해 **a**와 **b**로 중심 끈이 있는 스네이크 매듭(→ P.90)을 12cm(22회) 한다.

4

【끝 도안】을 참조해 **a**로 2.5cm(7회 감기)의 래핑 매듭 Ⓓ(→ P.83)를 한다.

5

81쪽을 참조해 로프 끝에 코드 캡을 붙인다.

6

81쪽을 참조해 모든 끈의 끝을 자르고 불에 녹여서 마감한다.

93-95

Photo = P.**73**

[재료]

아웃도어 로프 (6mm)
… 56cm × 1줄

아웃도어 코드
a : 170cm × 1줄
b : 140cm × 1줄
※ 색상은 아래 표를 참조한다.

고리형 코드 캡 (6mm) … 2개
93 : 골드 (G1205)
94·95 : 실버 (S1204)

【시작 도안】

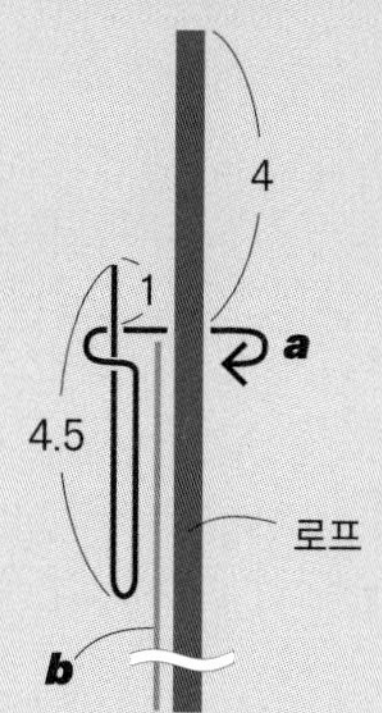

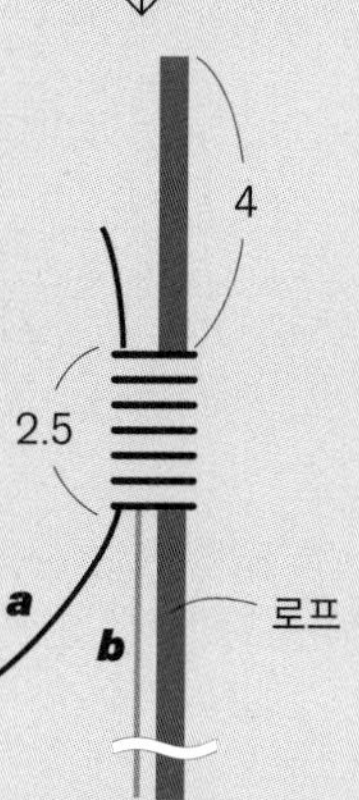

【끝 도안】

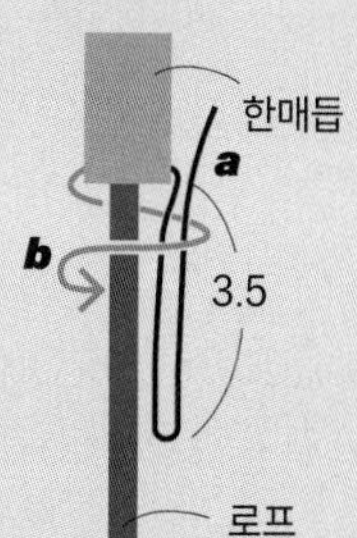

[93·94·95 배색]

	93	94	95
로프	블랙 (1828)	네온 라임 (1821)	실버 (1827)
a	블랙 (1646)	샌드 카모 (1634)	오렌지 (1623)
b	멀티 카모 (1691)	리플렉터 화이트 (1631)	아미 그린 (1641)

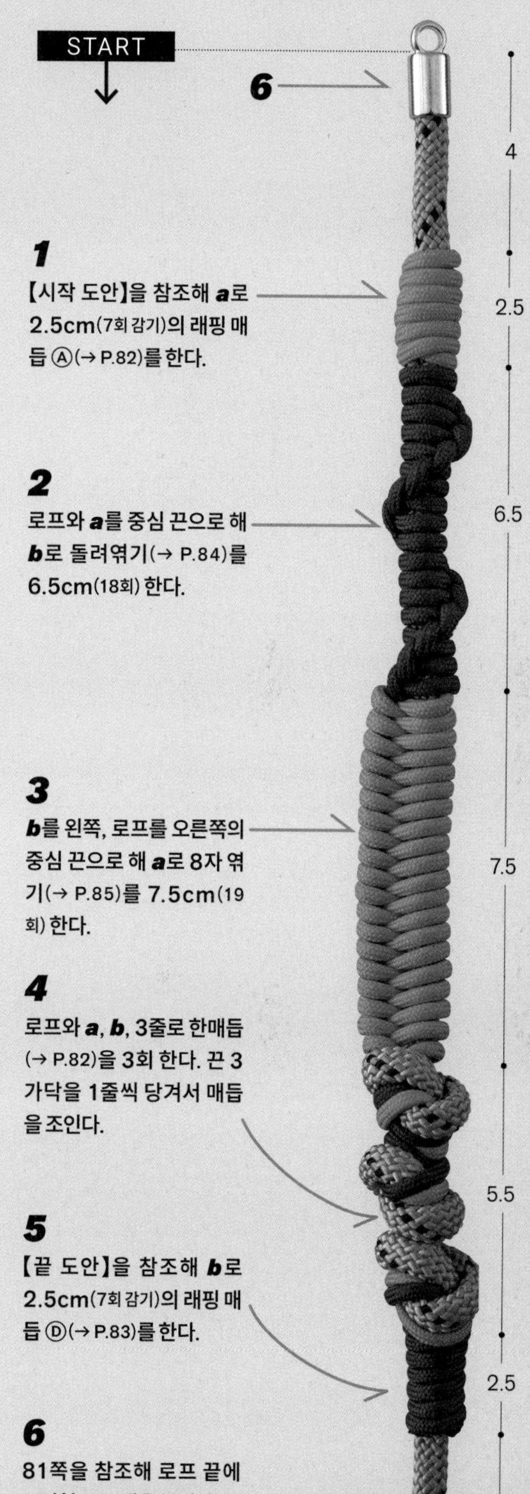

1
【시작 도안】을 참조해 **a**로 2.5cm(7회 감기)의 래핑 매듭 Ⓐ(→ P.82)를 한다.

2
로프와 **a**를 중심 끈으로 해 **b**로 돌려엮기(→ P.84)를 6.5cm(18회) 한다.

3
b를 왼쪽, 로프를 오른쪽의 중심 끈으로 해 **a**로 8자 엮기(→ P.85)를 7.5cm(19회) 한다.

4
로프와 **a**, **b**, 3줄로 한매듭(→ P.82)을 3회 한다. 끈 3가닥을 1줄씩 당겨서 매듭을 조인다.

5
【끝 도안】을 참조해 **b**로 2.5cm(7회 감기)의 래핑 매듭 Ⓓ(→ P.83)를 한다.

6
81쪽을 참조해 로프 끝에 고리형 코드 캡을 붙인다.

7
81쪽을 참조해 모든 끈의 끝을 자르고 불에 녹여서 마감한다.

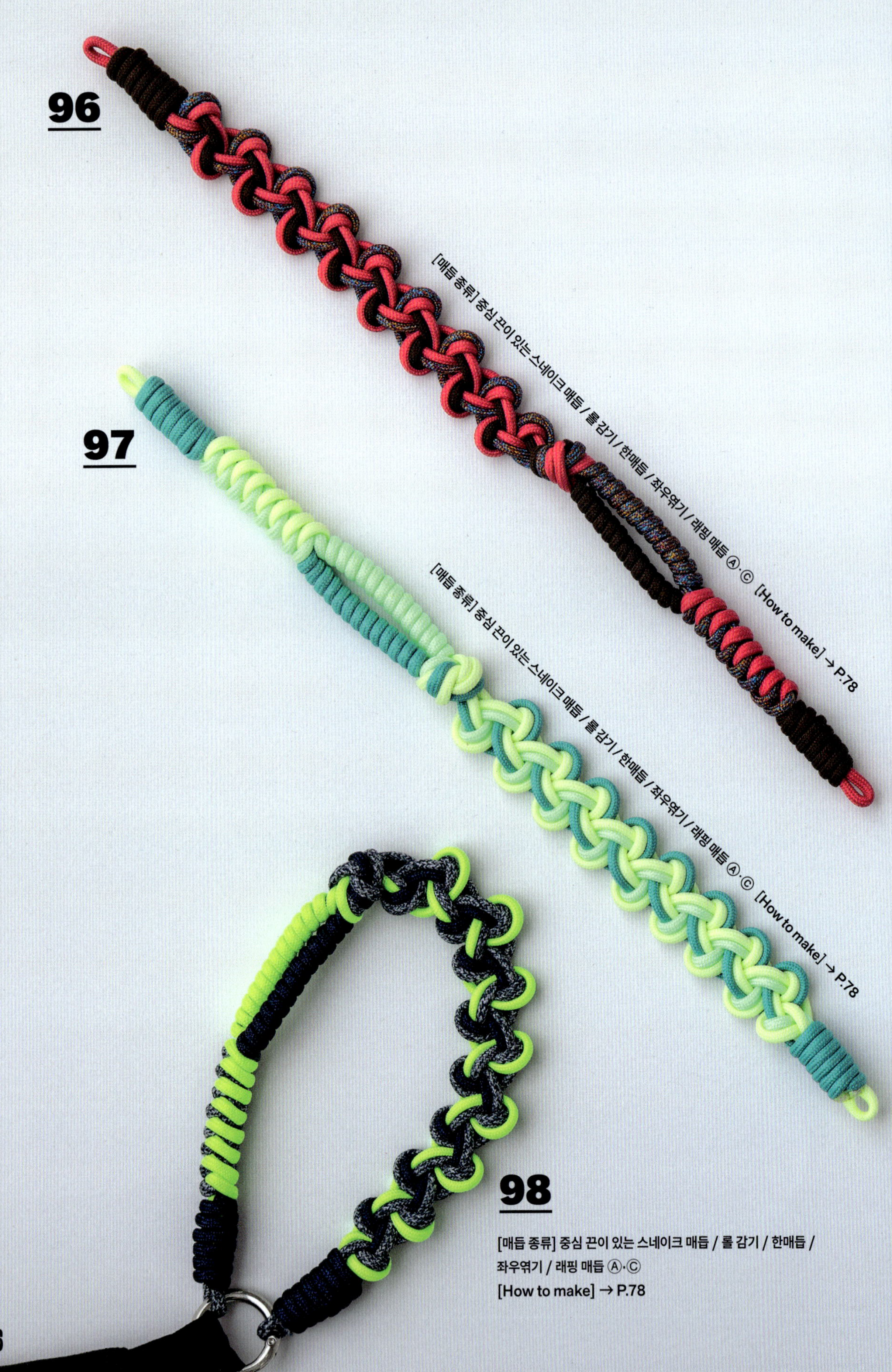

96

97

98

[매듭 종류] 중심 끈이 있는 스네이크 매듭 / 롤 감기 / 한매듭 /
좌우엮기 / 래핑 매듭 Ⓐ·Ⓒ
[How to make] → P.78

99

[매듭 종류] 중심 끈이 있는 스네이크 매듭 / 둘 감기 / 한매듭 / 좌우엮기 / 래핑 매듭 Ⓐ·ⓒ [How to make] → P.78

100

[매듭 종류] 중심 끈이 있는 스네이크 매듭 / 둘 감기 / 한매듭 / 좌우엮기 / 래핑 매듭 Ⓐ·ⓒ [How to make] → P.78

[재료]

아웃도어 코드 (96·97·98)
a : 220cm × 1줄
b : 160cm × 1줄
c : 120cm × 1줄

슬림 코드 (99·100)
a : 220cm × 1줄
b : 160cm × 1줄
c : 120cm × 1줄

※ 색상은 아래 표를 참조한다.

【시작 도안】

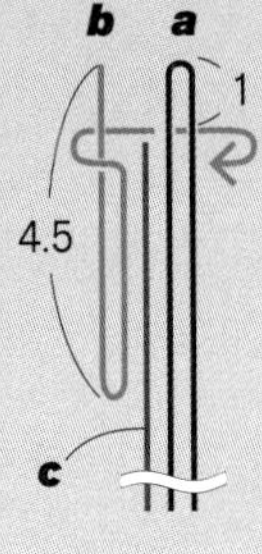

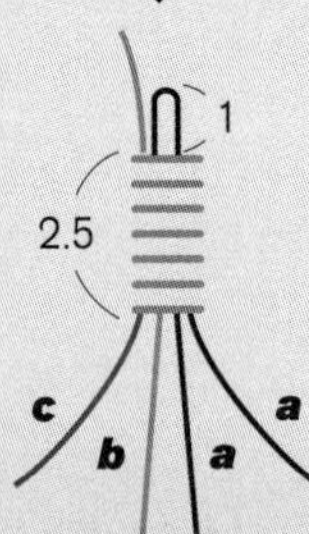

【끝 도안】

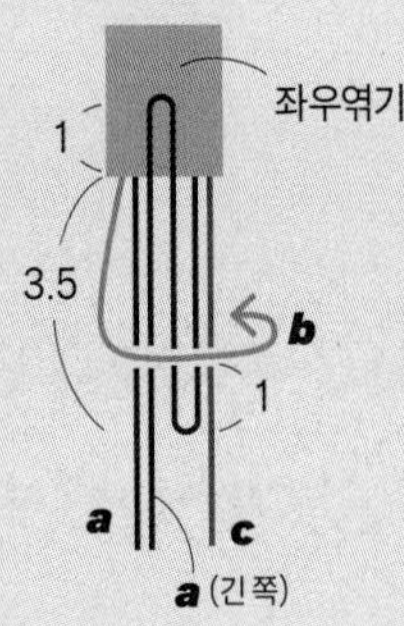

[96·97·98 배색]

	96	97	98
a	마젠타 (1622)	글로우 옐로 (1662)	인디고 믹스 (1762)
b	브라운 (1649)	아쿠아마린 (1628)	네이비 (1648)
c	멀티 믹스 (1794)	글로우 그린 (1661)	네온 옐로 (1767)

[99·100 배색]

	99	100
a	세이지 (1681)	베이지 (1685)
b	오렌지 (1673)	퍼플 (1677)
c	라이트 그레이 (1686)	핑크 (1674)

START

1

【시작 도안】을 참조해 **b**로 2.5cm(**96~98**은 7회 감기, **99~100**은 13회 감기)의 래핑 매듭 Ⓐ(→ P.82)를 한다. **a**는 중앙에서 반으로 접어 사용한다.

2

왼쪽부터 **c**, **b**, **a**, **a**를 배치하고, 안쪽의 **b**와 **a** 1줄을 중심 끈으로 해 **c**와 다른 **a** 1줄로 중심 끈이 있는 스네이크 매듭(→ P.90)을 4.5cm 한다.

3

왼쪽에 **b**와 **a**, 오른쪽에 **c**와 **a**를 놓고, 각각 **a**를 중심 끈으로 해 롤 감기(→ P.87)를 5cm 한다. 한쪽을 감았으면 느슨해지지 않게 핀 또는 테이프로 고정하고 다른 한쪽을 감는다.

4

4줄을 합쳐서 한매듭(→ P.82)을 1회 한다.

5

끈을 **a**, **b**와 **a**, **c**로 나눠서 2겹으로 좌우엮기(→ P.87)를 14cm 한다. 2겹의 끈은 안쪽, 바깥쪽 순으로 1줄씩 당겨서 조인다.

6

【끝 도안】을 참조해 **b**로 2.5cm(**96~98**은 7회 감기, **99~100**은 13회 감기)의 래핑 매듭 Ⓒ(→ P.83)를 한다.

7

81쪽을 참조해 모든 끈의 끝을 자르고 불에 녹여서 마감한다.

사이즈 확인용 5mm 모눈종이

모눈종이 위에 끈이나 매듭을 올려 길이를 확인할 수 있습니다. 복사해서 사용해주세요.

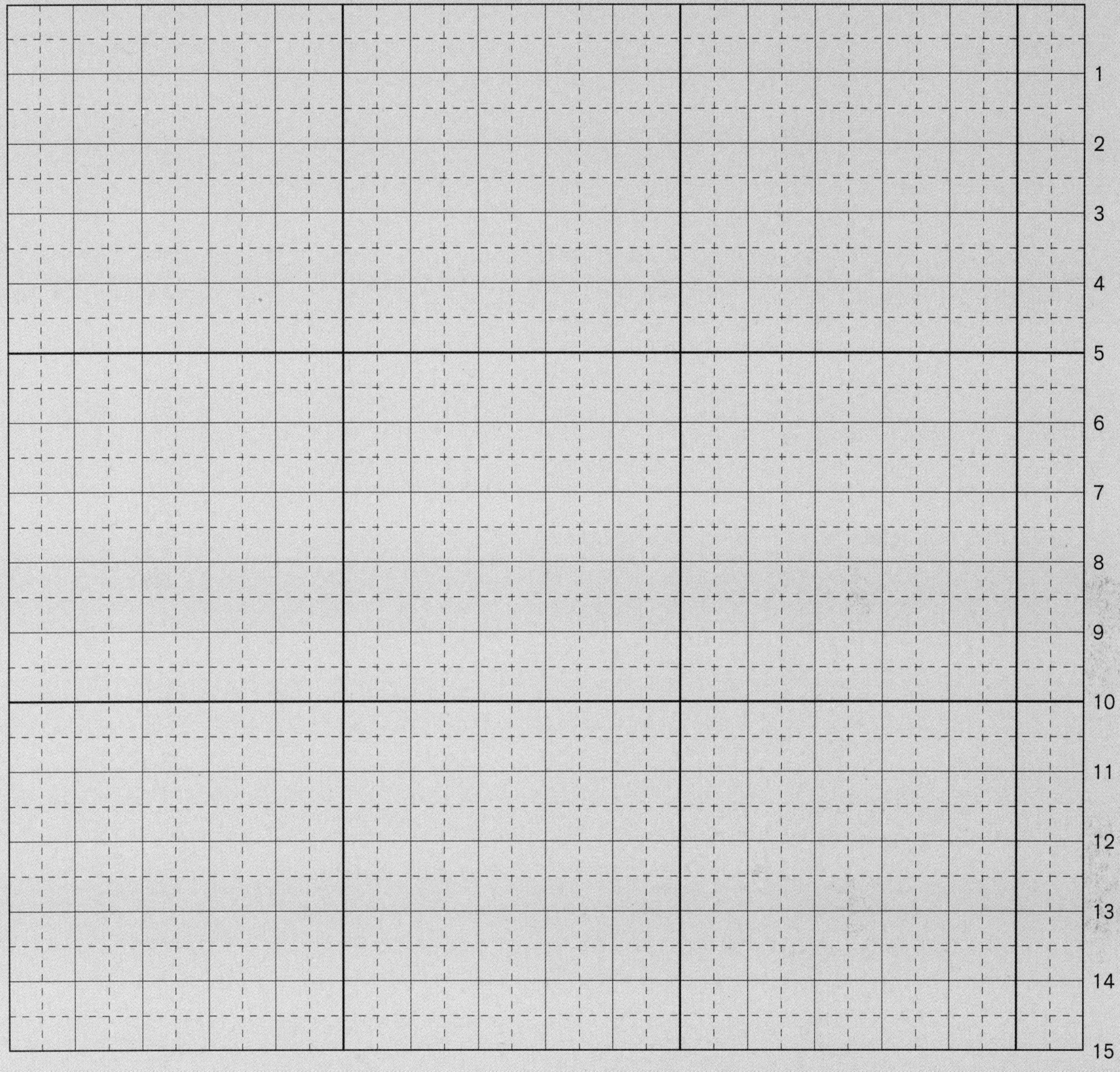

[12·13 배색과 재단 치수]

Photo = P.17 / [How to make] → P.19

	12	13
a	레드 (1621) 120cm × 1줄	스카이블루 (1627) 120cm × 1줄
b	블루 (1629) 80cm × 1줄	옐로 그린 (1625) ① 120cm × 1줄 ② 50cm × 1줄
c	프렌치 카모 (1637) 50cm × 1줄	페스티벌 카모 (1645) 50cm × 2줄

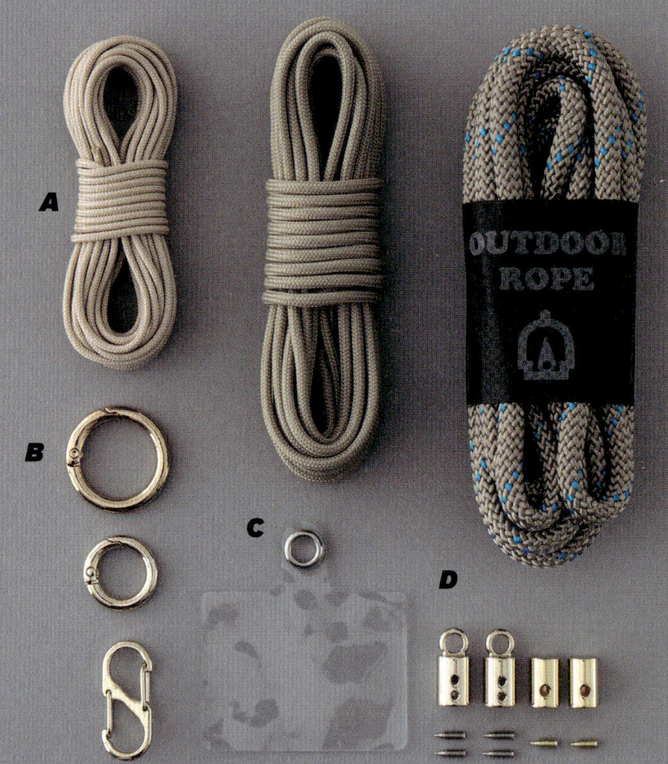

A : 끈 (파라코드)
왼쪽부터 슬림 코드(2mm), 아웃도어 코드(3mm), 아웃도어 로프(6mm). 굵기가 다른 코드는 필요한 분량이 다르므로 사용할 때 주의한다. 컬러가 다양하고, 끝부분 마감은 불에 녹이는 방법(→ P.81)이 기본이지만, 메탈릭 타입은 불에 녹여서 마감하는 것이 불가능하므로 특히 주의한다.

B : 카라비너
여닫는 기능이 있는 금속 부자재. 스트랩 끝에 걸어서 스마트폰과 가방 등에 연결한다.

C : 스마트폰 태그 패치
금속 부자재를 다는 목적으로 스마트폰과 스마트폰 케이스 사이에 끼우는 판이다.

D : 코드 캡
아웃도어 로프 끝에 붙이는 금속제 캡. 끝이 풀리는 것을 방지하면서 보기에도 깔끔한 마감을 할 수 있다. 캡만 있는 타입과 고리가 달린 타입이 있다.

※ 모두 메르헨 아트 제품입니다. 파라코드는 폴리에스터 100%입니다

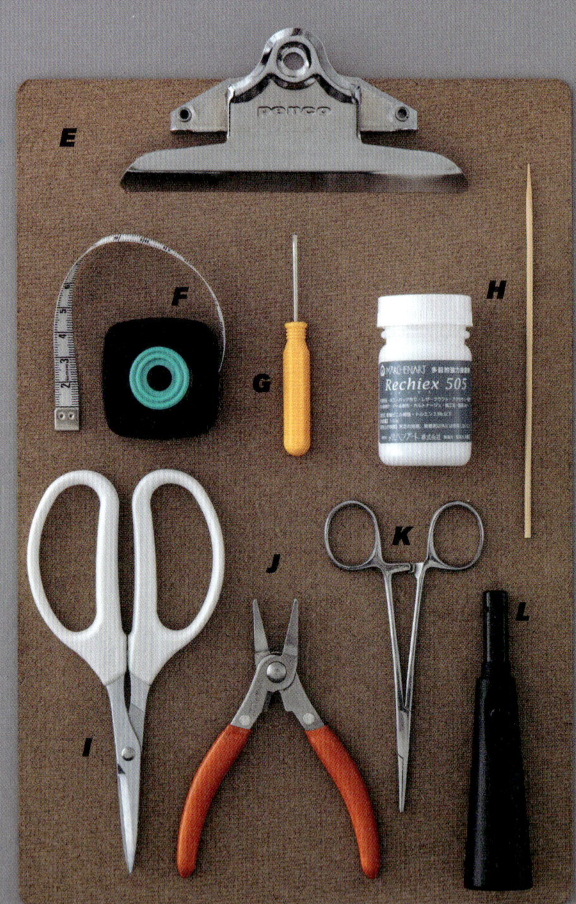

E : 클립보드
끈을 묶을 때 고정하는 용도로 사용한다.

F : 줄자
끈의 길이를 잴 때 사용한다.

G : 정밀 십자드라이버
코드 캡을 붙일 때 사용한다.

H : 접착제와 꼬치
메탈릭 타입 코드의 끝을 마감하는 데 사용한다.

I : 가위
끈을 자를 때 사용한다.

J : 펜치
끈의 끝자락을 당길 때 사용하면 편리하다.

K : 겸자
끈의 끝부분을 마감할 때 사용하면 편리하다. 펜치와 같은 용도로도 쓸 수 있다.

L : 라이터
불에 녹여서 마감할 때 사용한다. 화구가 긴 타입이 사용하기 편하다.

고정하고 매듭 묶기

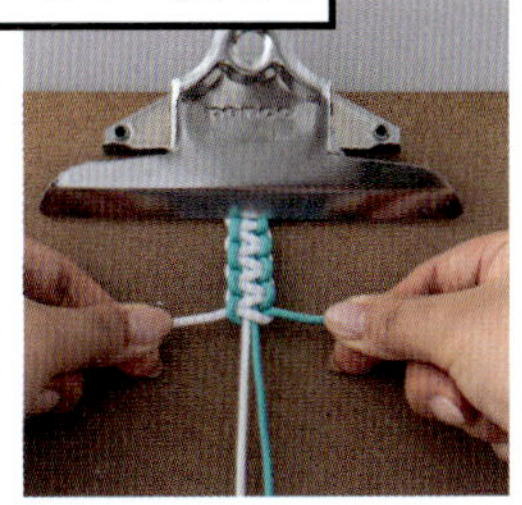

끈은 팽팽하게 당기면서 묶는
다. 장력을 줄 때는 클립보드에
끈을 끼워서 고정한다.

끈 연결하기

※ 코드가 부족할 때 급하게 대처하는 법입니다.

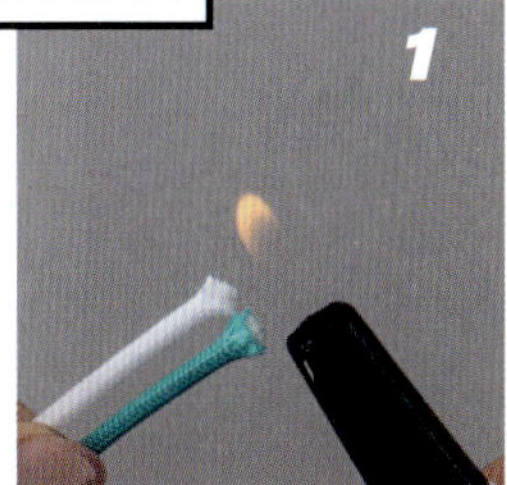

연결할 끈 2줄의 끝을
라이터로 그슬려 녹인다.

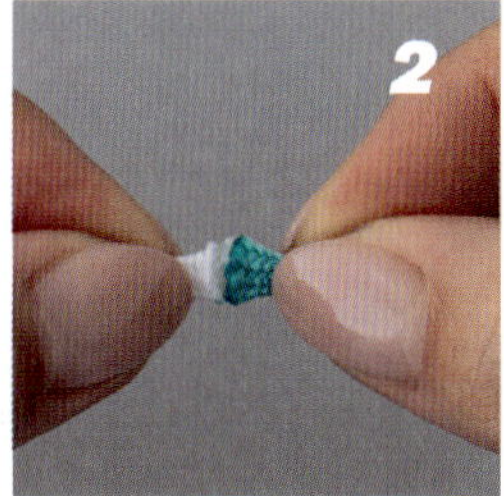

열기가 식기 전에 끈 2줄을
맞대어 붙인다.

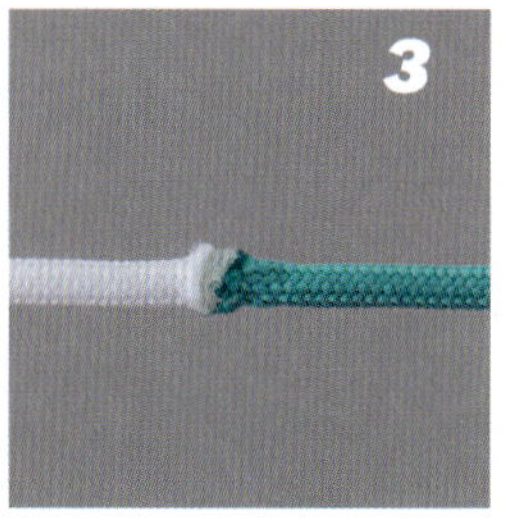

금속판처럼 들러붙지 않는
곳에 놓고, 불을 켜지 않은
라이터 끝부분으로 접착 부
분을 눌러 고정한다.

불에 녹여서 마감하기

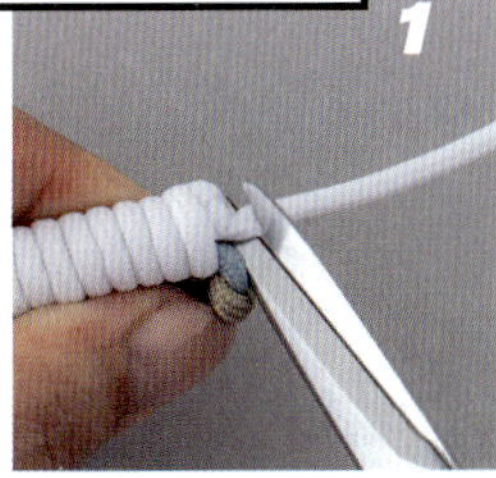

매듭 밑동에서 2~3mm
정도 남기고 자른다.

매듭이 타지 않게 주의하며
끈의 끝부분에 푸른색 부분
(불꽃 아래에 해당)을 대어 녹
인다.

불을 켜지 않은 라이터 끝부
분으로 끈의 끝을 누른다.

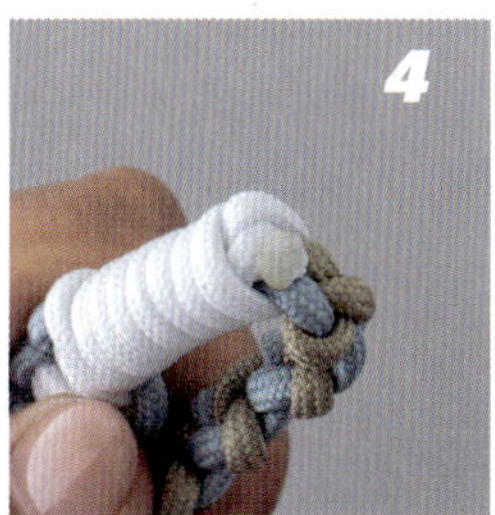

끈의 끝부분이 녹아서 주위
에 달라붙는다.

불에 녹일 수 없는 끈의 마감법

※ 불에 녹여서 마감할 수 없는 메탈릭 타입에 씁니다.

꼬치로 끈의 끝부분에
접착제를 바른다.

꼬치를 이용해 매듭 안쪽으로
밀어 넣는다.

코드 캡 붙이는 법

비스듬히 자른 다음 불에 녹
여서 마감한 끈의 끝부분에
캡을 씌운다.

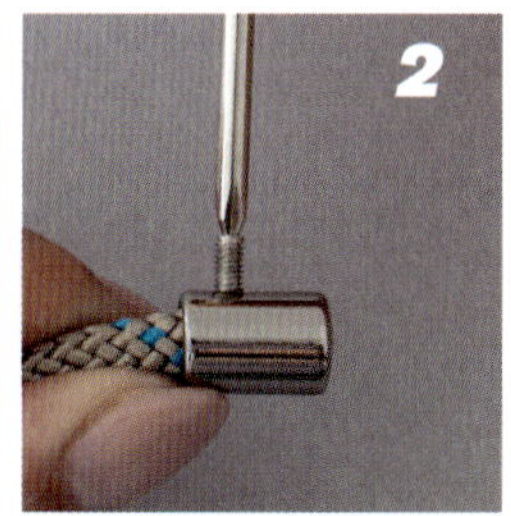

정밀 드라이버를 사용해
나사를 조인다.

끝이 뭉친 코드의 수정법

먼저 불에 녹여서 마감한
부분을 자른다.

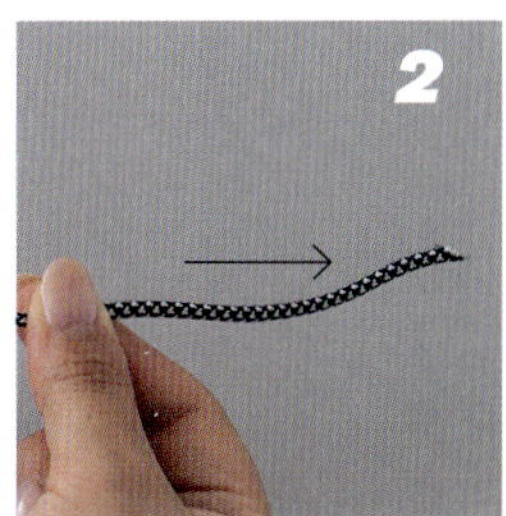

끈의 끝부분을 손으로 훑어
바로잡는다.

깔끔하게 매듭 묶기

매듭을 느슨해지지 않게 조
이면서 묶는다. 매듭을 어느
정도 묶었으면 중심 끈도 바
짝 당겨서 조인다.

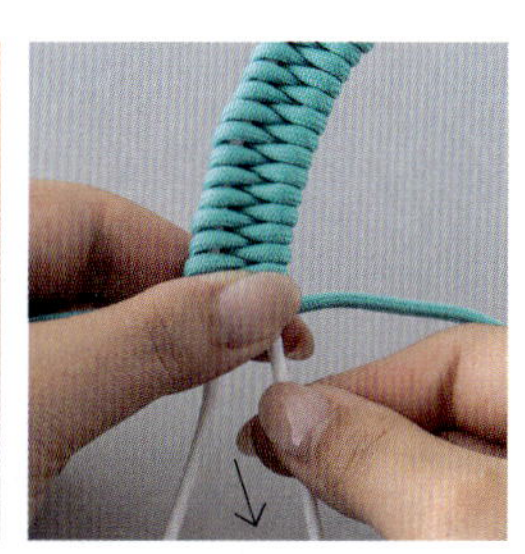

중심 끈을 1줄씩 조여서
매듭을 정돈한다.

Basic
Techniques

기본 매듭

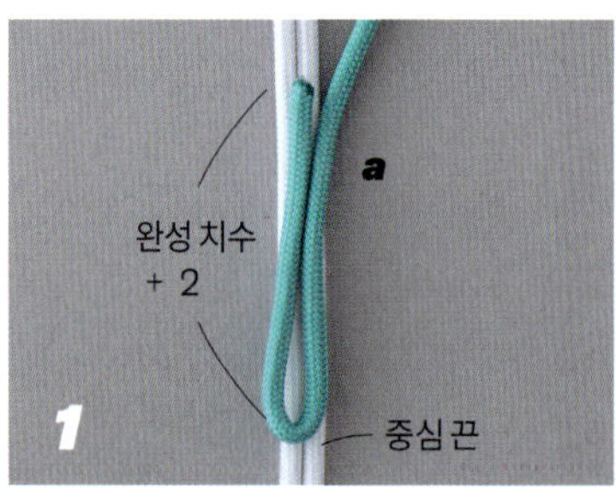

1 중심 끈 위에 **a**를 '완성 치수 + 2cm'로 접어서 겹쳐 놓는다.

4 아래쪽도 1cm 남기고, 완성 치수만큼 감은 모습이다.

5 아래쪽 고리에 **a** 끈의 끝자락을 통과시킨다.

끈의 끝자락을 둥글게 말아서 고리 안으로 통과시킨 다음 당겨서 조인다.

2 위쪽을 1cm 남기고 **a**를 감는다.

3 빈틈없이 촘촘히 감는다.

6 위쪽에 남겨둔 **a**의 끝자락을 당겨서 매듭 안으로 고리를 넣는다. 잘 당겨지지 않으면 펜치를 사용한다.

7 고리를 안으로 넣은 모습.

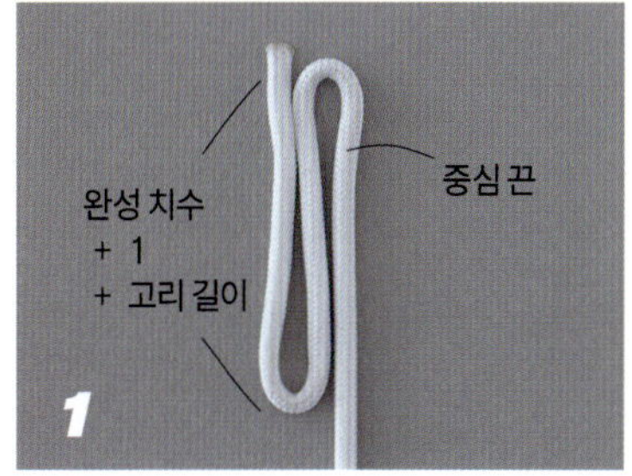

중심 끈을 '완성 치수 + 1cm + 고리 길이 (위쪽)'로 2회 접는다.

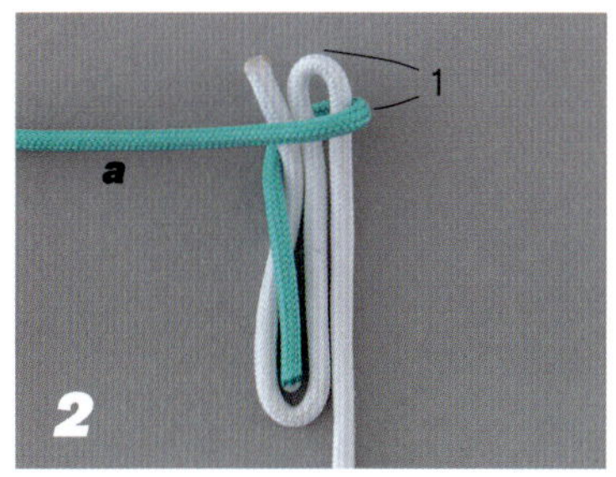

a의 끝자락을 아래로 향하게 고리와 나란히 놓은 다음 고리 끝을 1cm 남기고 **a**를 감는다.

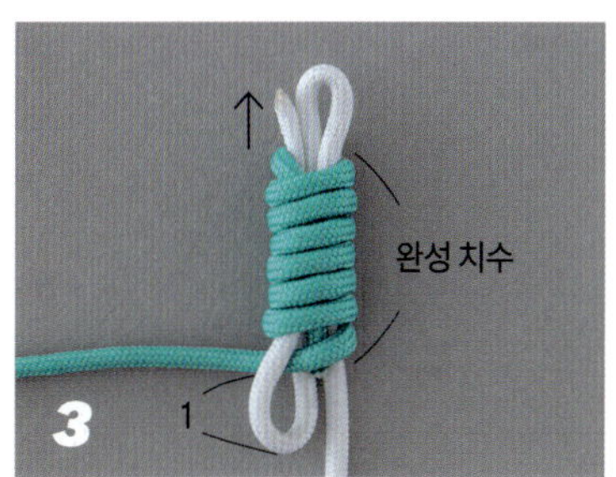

고리 아래쪽을 1cm 남기고 완성 치수만큼 감는다. 래핑 매듭 Ⓐ(→ P.82)의 **5~7**과 같은 방법으로 마무리한다.

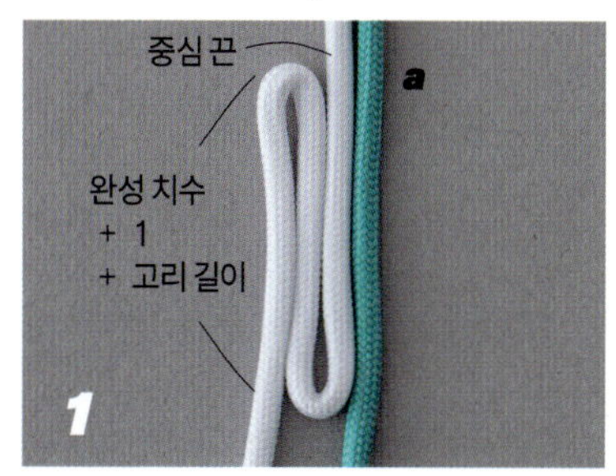

중심 끈을 '완성 치수 + 1cm + 고리 길이 (아래쪽)'로 2회 접는다.

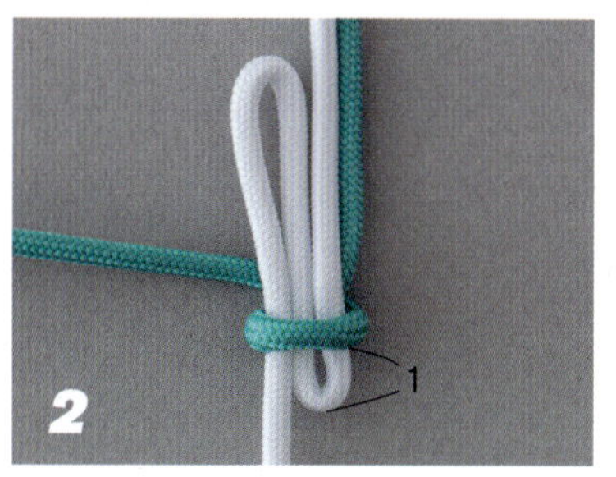

고리 아래쪽을 1cm 남기고 **a**를 감는다.

위쪽을 1cm 남기고 완성 치수만큼 감는다. 래핑 매듭 Ⓐ(→ P.82)의 **5~7**과 같은 방법으로 마무리한다.

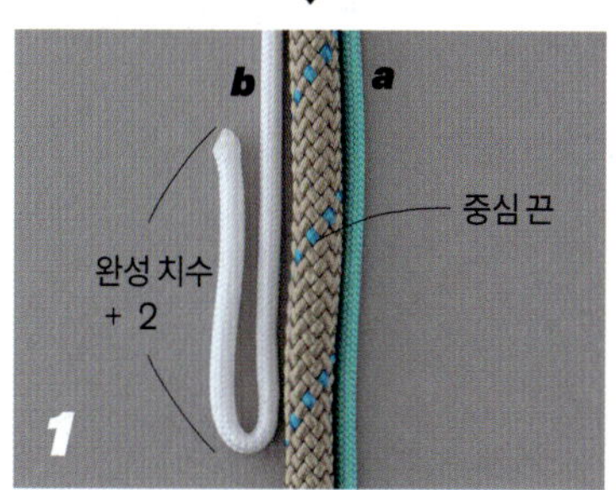

b를 '완성 치수 + 2cm'로 접는다.

b 끝에서 위쪽을 1cm 남기고 **a**를 완성 치수만큼 감는다.

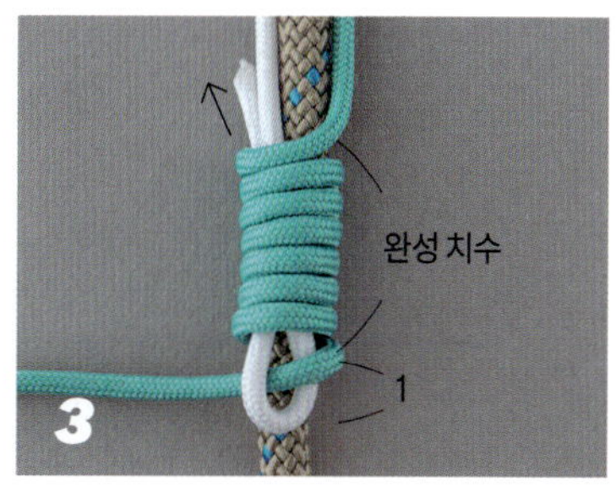

아래쪽의 1cm 남긴 고리에 **a**의 끝자락을 통과한 다음 래핑 매듭 Ⓐ(→ P.82)의 **5~7**과 같은 방법으로 마무리한다.

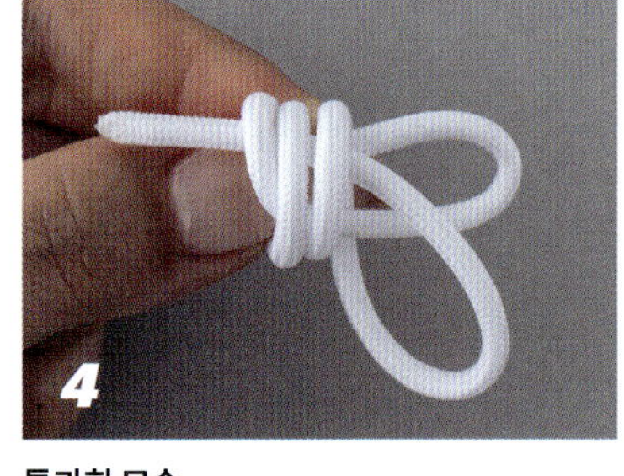

4

통과한 모습.

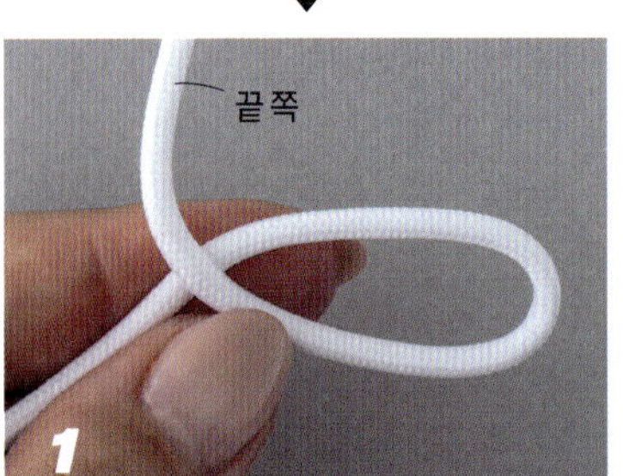

1

고리를 만들고 교차하는 부분을 엄지손가락
으로 누른다.

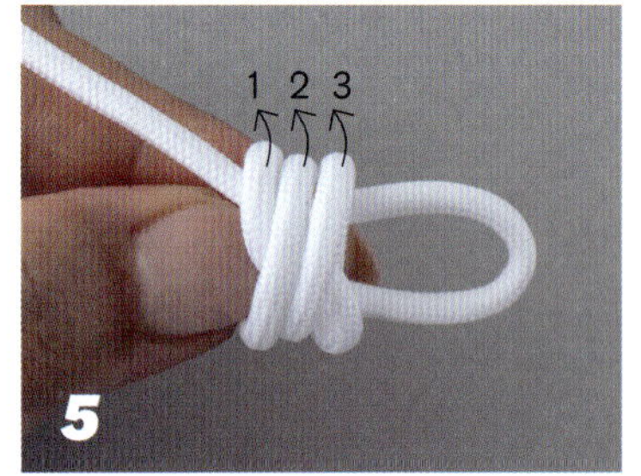

5

화살표와 같이 순서대로 끈을 당겨서
조인다.

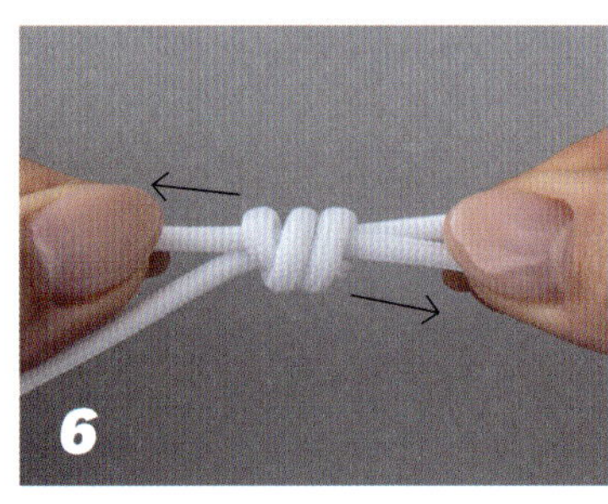

2

손가락까지 한꺼번에 지정한 횟수만큼 감는
다. 여기서는 3회.

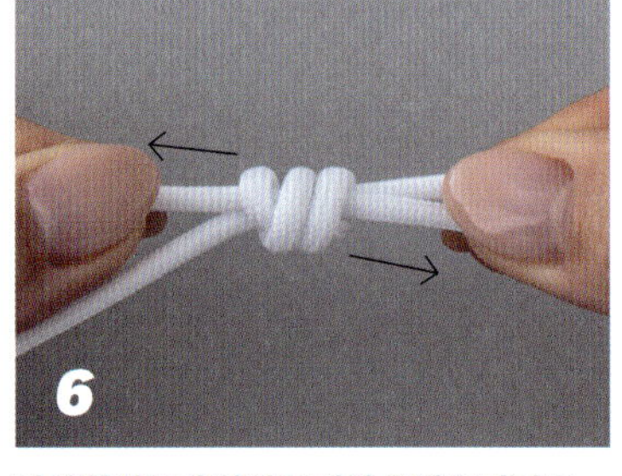

6

다시 화살표와 같이 고리와 끈의 끝자락을
당겨서 조이면 매듭이 생긴다.

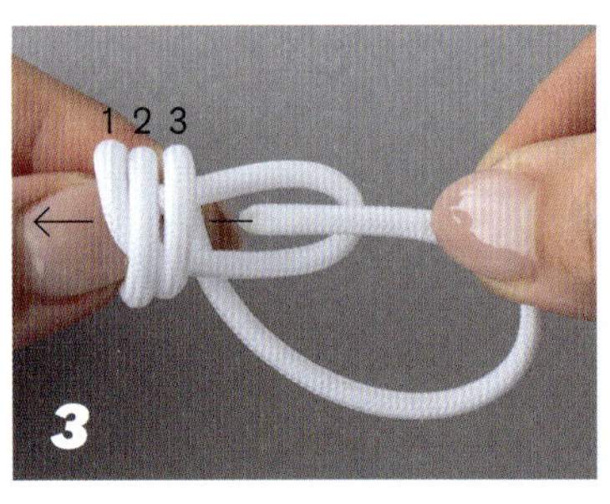

3

손가락을 빼고, 끈의 끝자락을 감은 끈 안으
로 통과시킨다.

길이 조절하기

매듭을 잡고 고리를 당기면 매듭이 움직여서
길이를 조절할 수 있다.

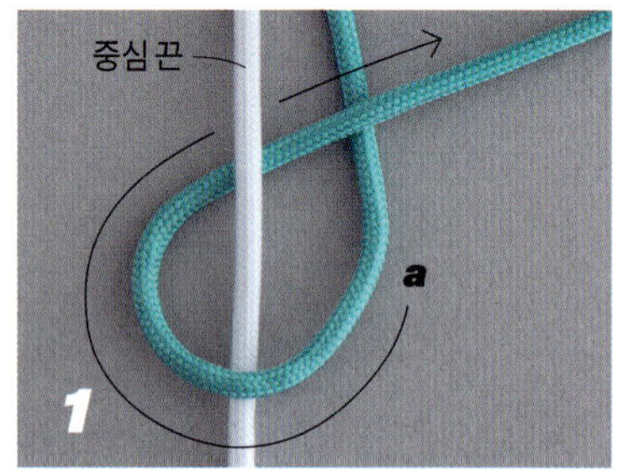

1

중심 끈 위에 **a**를 올리고, 중심 끈 아래를
지나 **a**의 위로 빼서 끈의 끝자락을 당긴다.

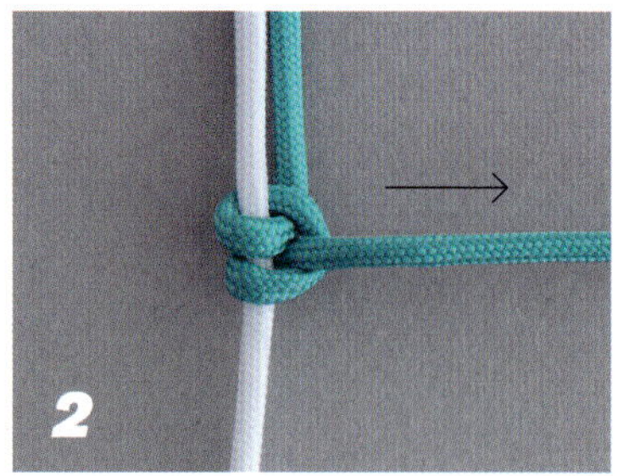

2

이어서 **1**과 같은 방법으로 감고 끝자락을
당긴다.

3

계속 엮으면 자연스럽게 매듭이 비틀린다.
'왼쪽 돌려엮기'는 오른쪽 돌려엮기와 좌우
대칭으로 엮으면 된다.

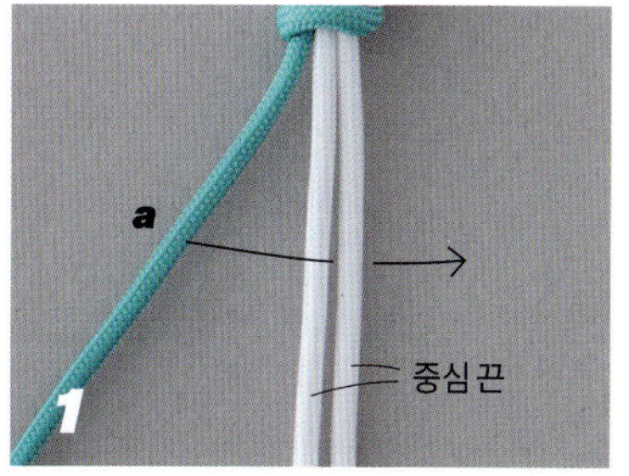

1

왼쪽 중심 끈 위에서 중심 끈 사이로 *a*를 통과시킨다.

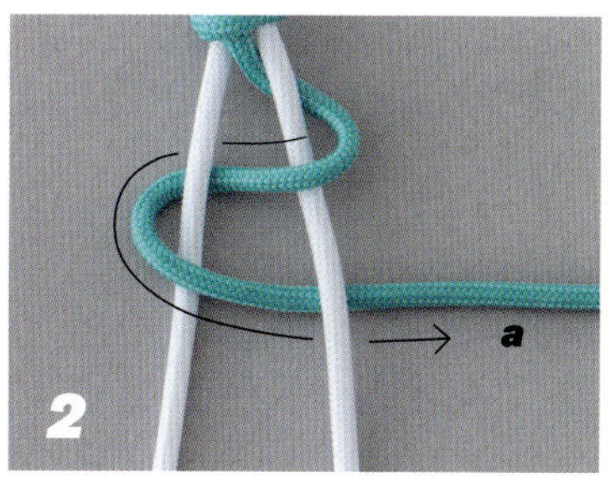

2

*a*로 8자를 그리듯이 좌우 중심 끈에 위, 아래, 위, 아래로 차례차례 통과시킨다.

3

사이를 채우면서 반복한다.

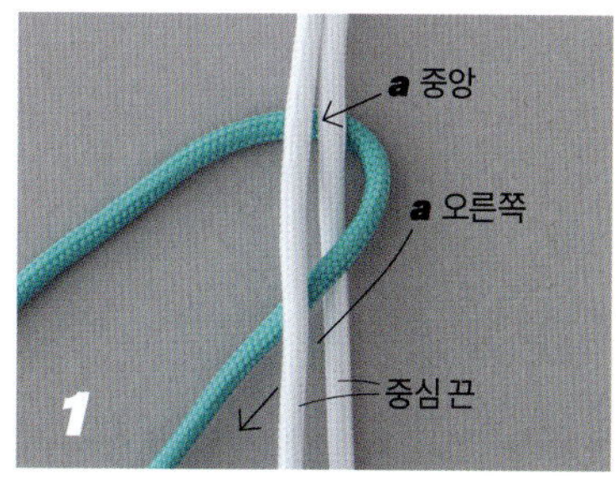

1

*a*의 중앙을 중심 끈 아래에 놓고, *a*의 오른쪽을 오른쪽 중심 끈의 위에서 아래로, 중심 끈 사이로 통과시킨다.

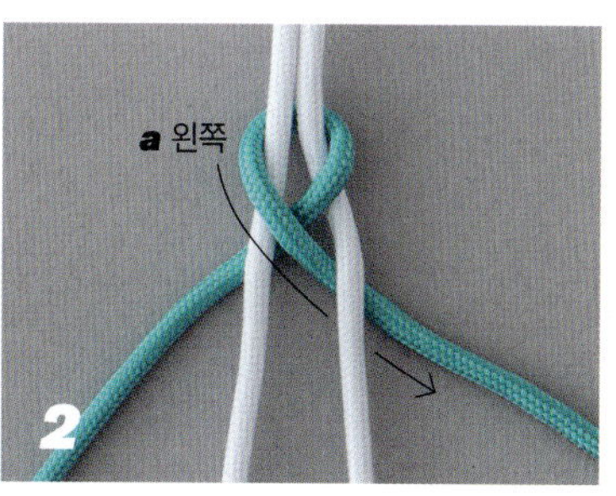

2

*a*의 왼쪽을 왼쪽 중심 끈의 위에서 아래로, 중심 끈 사이로 통과시킨다.

3

사이를 채우면서 *1*과 *2*를 반복한다.

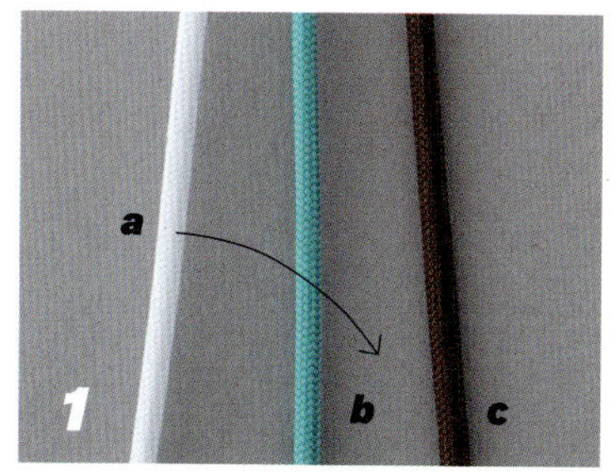

1

왼쪽의 *a*를 *b*와 *c* 사이에 넣는다.

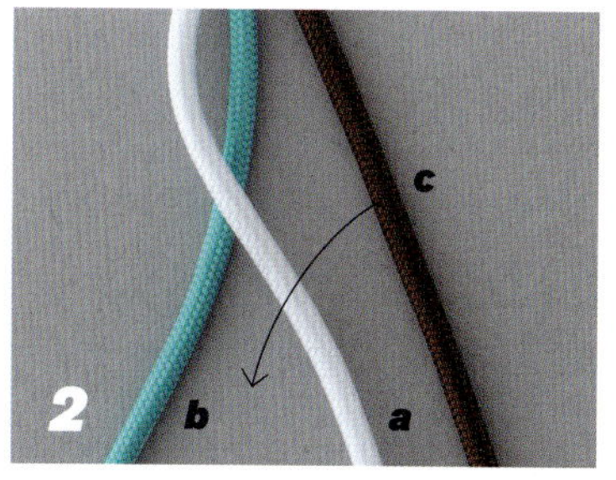

2

오른쪽의 *c*를 *b*와 *a* 사이에 넣는다.

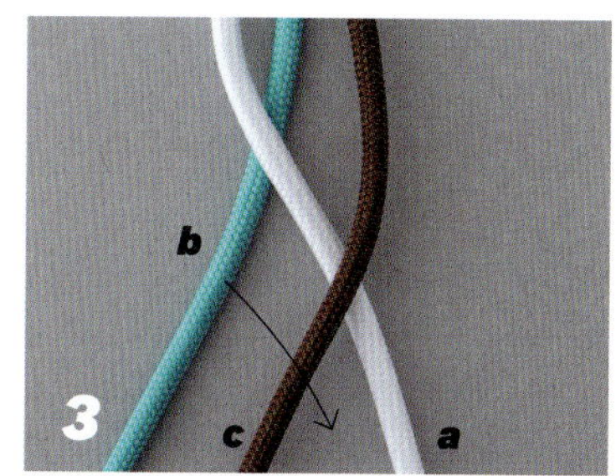

3

왼쪽의 *b*를 *c*와 *a* 사이에 넣는다. 이후에도 좌우의 끈을 번갈아 사이에 넣고 조이면서 땋는다.

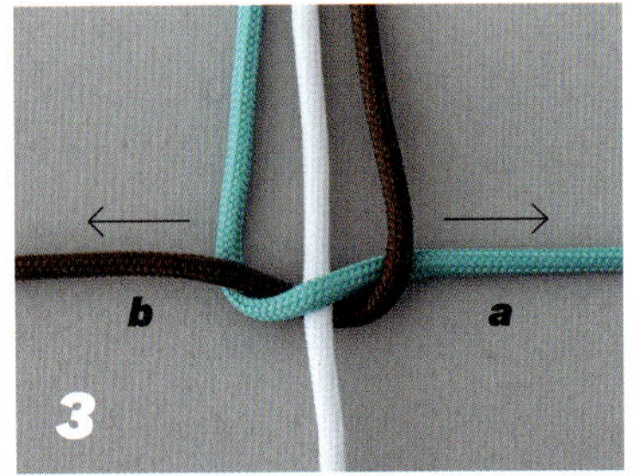

3

a와 **b**를 좌우로 당긴다. 여기까지가
0.5회이다.

오른쪽 평매듭

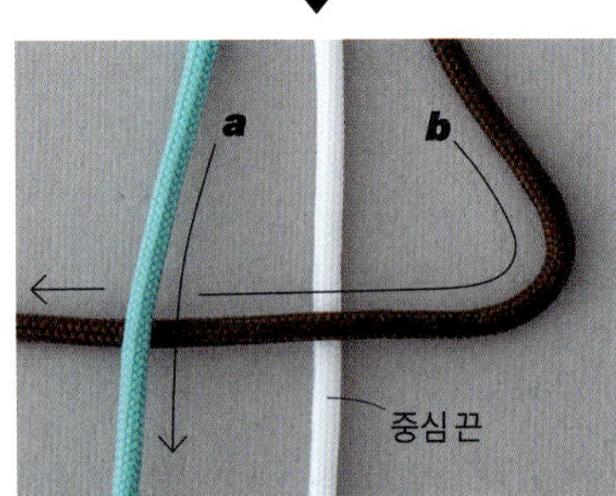

'왼쪽 평매듭'과는 **a**와 **b** 순서를 반대로 해
4~**6**, **1**~**3**을 반복한다.

왼쪽 평매듭

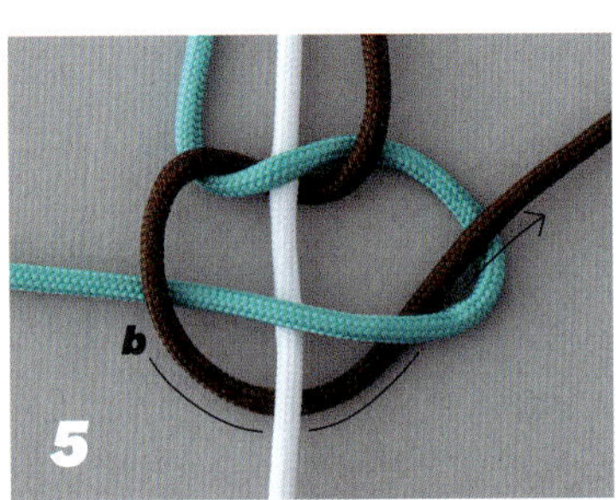

4

a를 중심 끈 위에, **b**를 그 위에 놓는다.

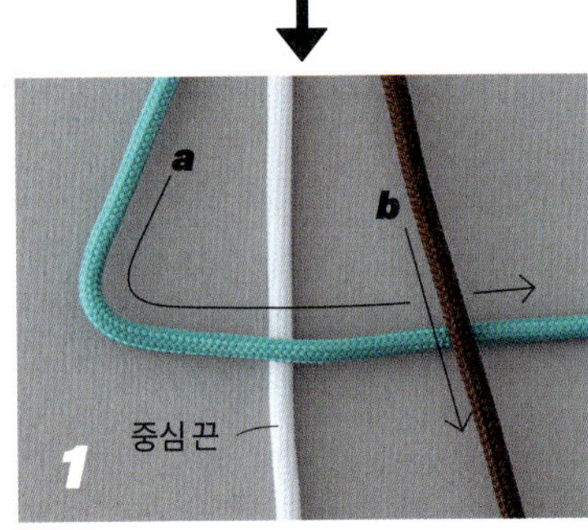

1 중심 끈

a를 중심 끈 위에, **b**를 그 위에 놓는다.

5

b를 중심 끈 아래로 통과시켜 **a**의 위로 뺀다.

2겹 이상의 끈으로
매듭 묶기

2

b를 중심 끈 아래를 지나 **a**의 위로 뺀다.

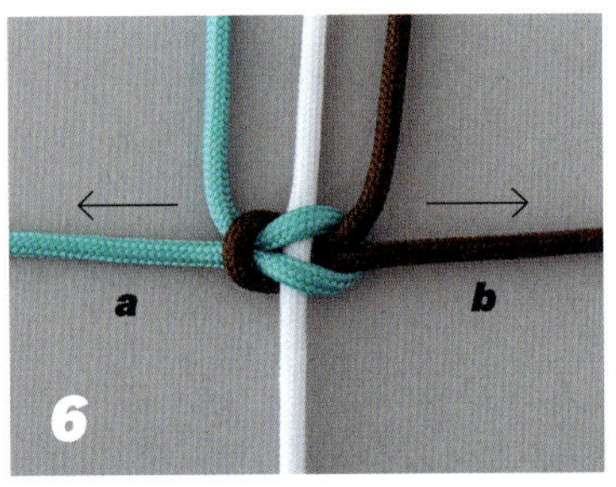

6

a와 **b**를 좌우로 당긴다. 1회를 완성했다.
1~**6**을 반복한다.

2겹 이상의 끈은 안쪽에서 1줄씩 당겨
모양을 잡아야 깔끔하게 묶을 수 있다.

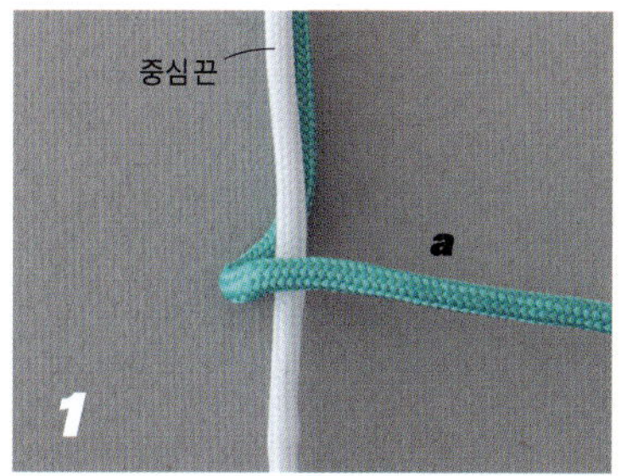

1

중심 끈에 *a*를 감는다.

2

틈이 생기지 않게 중심 끈에 촘촘히 감는다.

3

지정한 길이만큼 감는다. 롤 감기만으로는 끈이 풀리므로 이어서 다른 매듭을 묶는다.

1

오른쪽의 *b*를 중심 끈으로 해 왼쪽의 *a*를 *b*의 위에서 아래로 감고, *a*의 끝자락을 비스듬히 왼쪽 위 방향으로 당긴다.

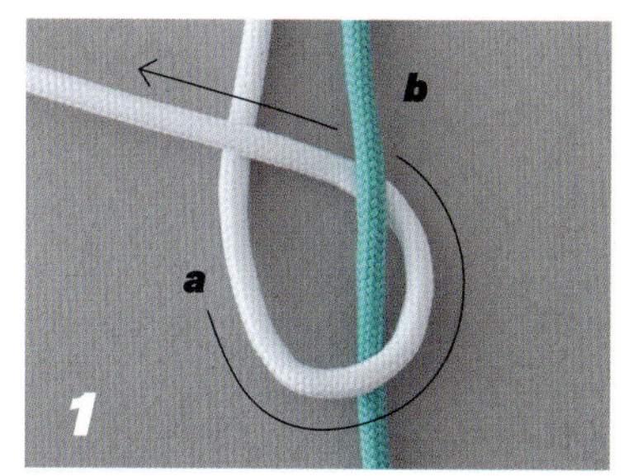

2

이어서 왼쪽의 *a*를 중심 끈으로 해 오른쪽의 *b*를 위에서 아래로 감고, *b*의 끝자락을 비스듬히 오른쪽 위 방향으로 당긴다.

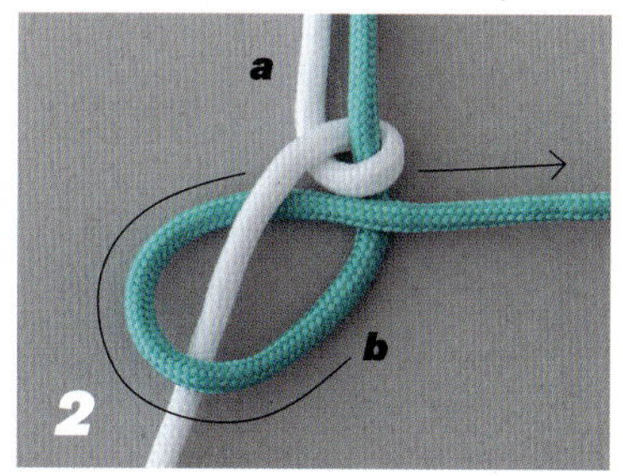

3

1회를 완성했다. *1*과 *2*를 반복한다.

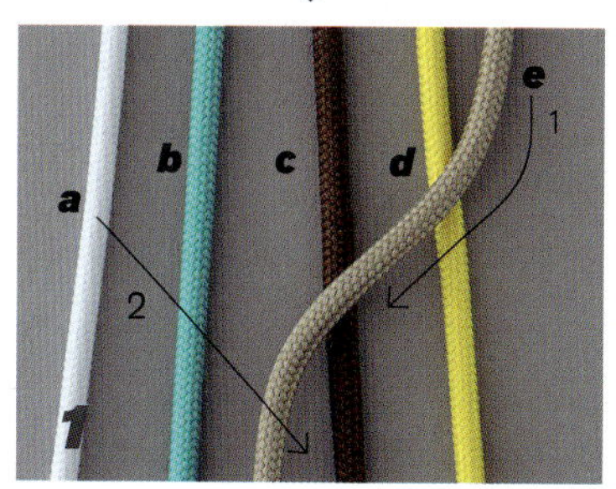

1

*e*를 *d*와 *c*의 위를 지나 *c*와 *b* 사이로 넣고, 이어서 *a*를 *b*와 *e*의 위를 지나 *e*와 *c* 사이로 넣는다.

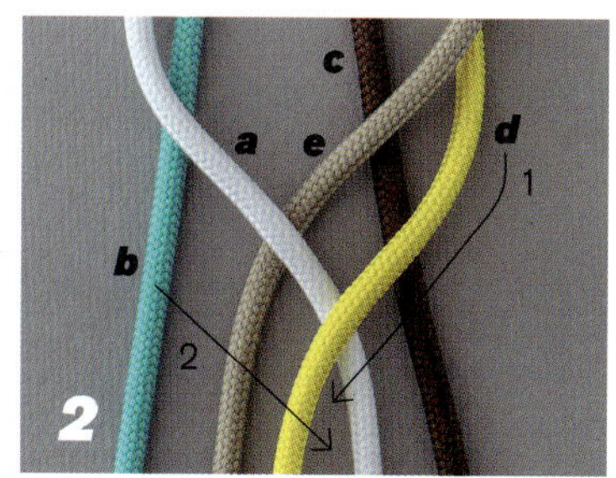

2

*d*를 *c*와 *a*의 위를 지나 *a*와 *e* 사이로 넣고, 이어서 *b*를 *e*와 *d*의 위를 지나 *d*와 *a* 사이로 넣는다.

3

이후도 좌우 번갈아 바깥쪽 끈을 2줄 안쪽으로 넣는 동작을 반복하고, 5줄을 좌우로 나눠 바짝 조이면서 땋는다.

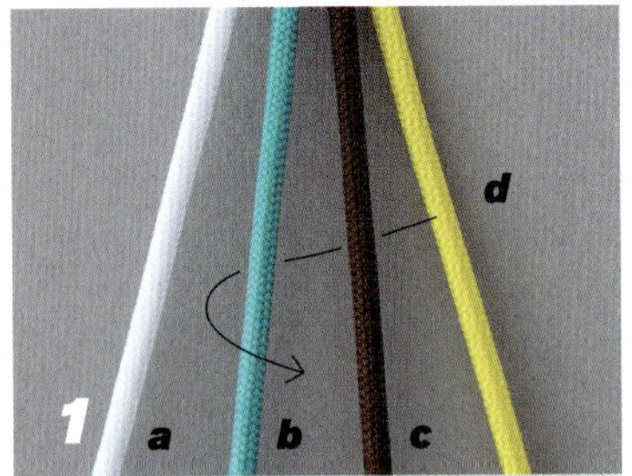

오른쪽의 **d**를 중앙의 2줄 아래를 지나 **b**의
위에서 아래로, **b**와 **c** 사이로 넣는다.

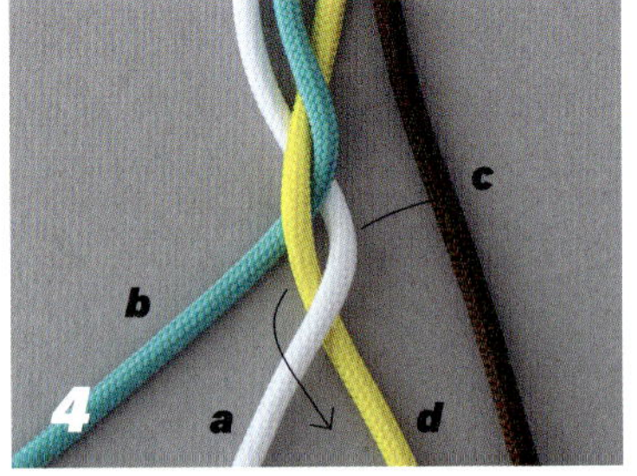

오른쪽의 **c**를 중앙의 2줄 아래를 지나 **a**의
위에서 아래로, **a**와 **d** 사이로 넣는다.

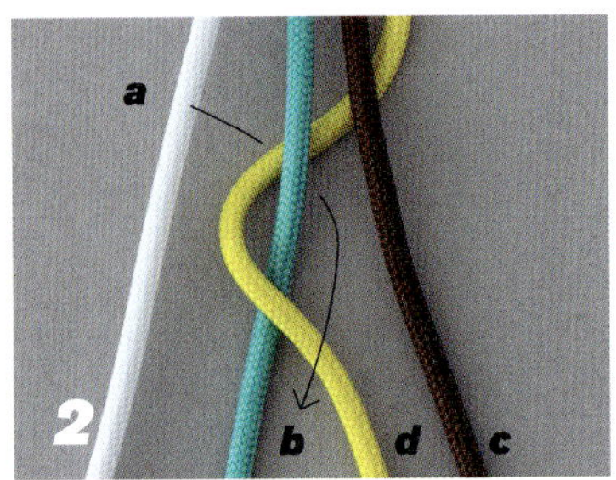

왼쪽의 **a**를 중앙의 2줄 아래를 지나 **d**의
위에서 아래로, **b**와 **d** 사이로 넣는다.

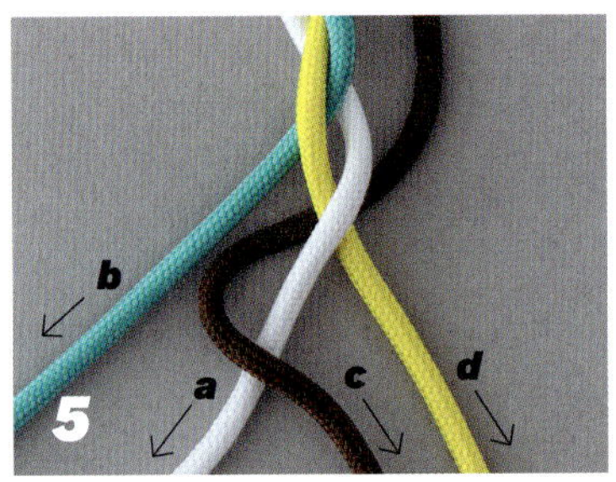

c를 사이에 넣은 모습이다. 좌우 2줄씩
당겨서 조인다.

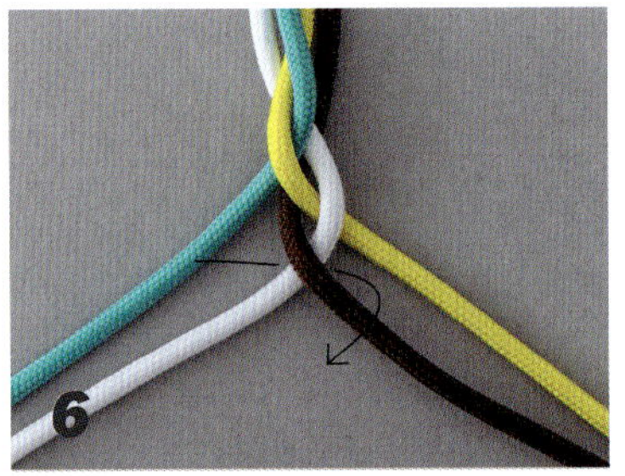

a를 사이에 넣은 모습이다. 좌우로 2줄씩
당겨서 조인다.

이후도 좌우 번갈아 바깥쪽 줄을 중앙의 2줄
아래로 통과시켜 사이에 넣고, 좌우 2줄씩
당겨 조이면서 땋는다.

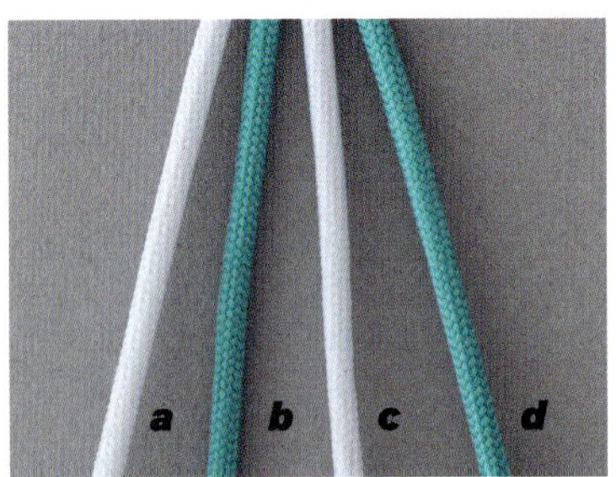

a와 **c**는 화이트, **b**와 **d**는 아쿠아마린으로
조합했을 때.

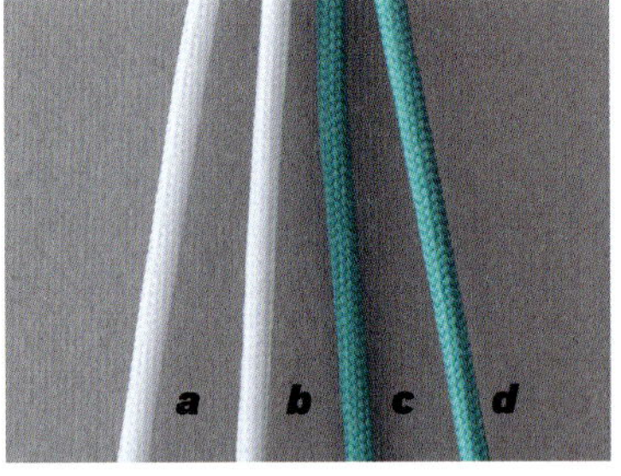

a와 **b**는 화이트, **c**와 **d**는 아쿠아마린으로
조합했을 때.

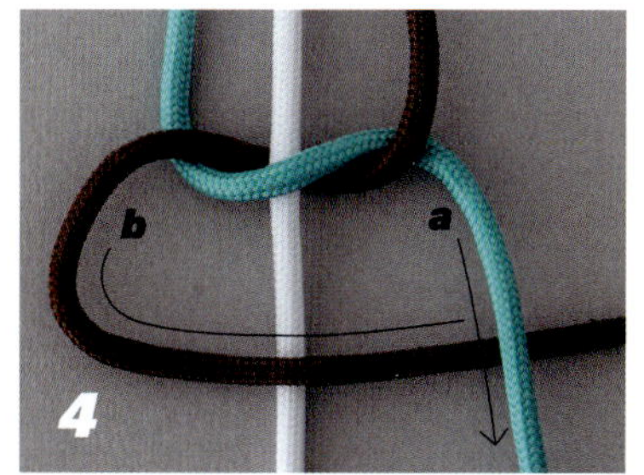

4

*b*를 중심 끈 위에, *a*를 그 위에 놓는다.

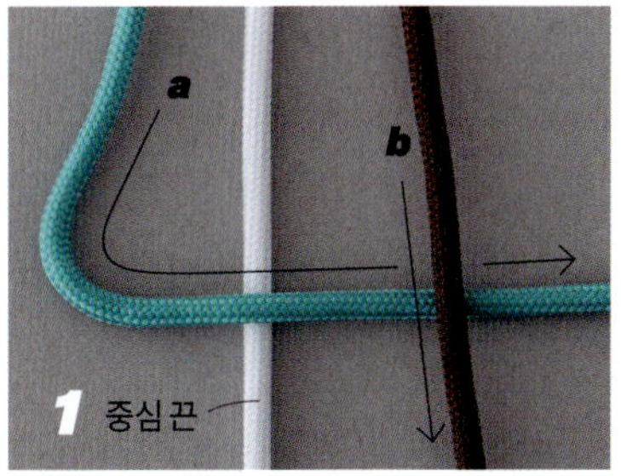

1 중심 끈

*a*를 중심 끈 위에 놓고, 그 위에 *b*를 놓는다.
*1~3*은 왼쪽 평매듭(→ P.86)과 같다.

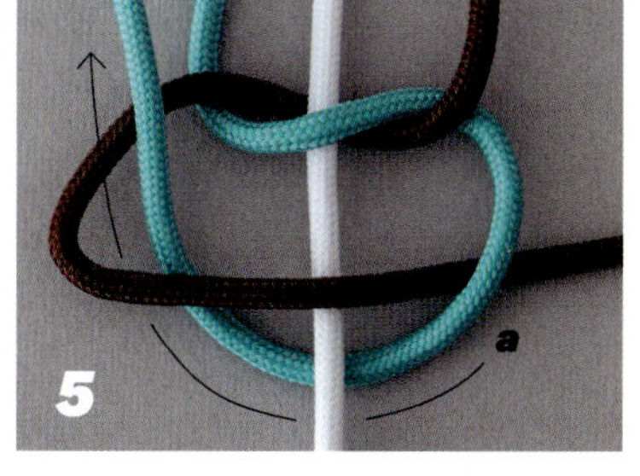

5

*a*를 중심 끈 아래에서 *b*의 위로 뺀다.

1

*b*와 *c* 위에서 *a*가 위로 가게 해 *a*와 *d*를
중앙에서 교차시킨다. *a*와 *d*가 중심 끈이
된다.

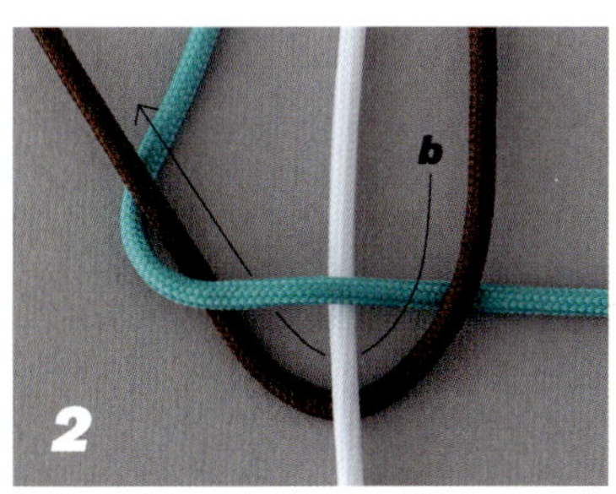

2

*b*를 중심 끈 아래에서 *a*의 위로 뺀다.

6

*a*와 *b*를 좌우로 당긴다.

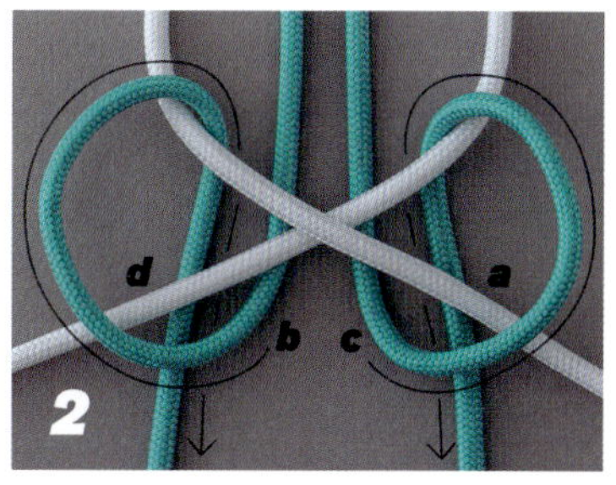

2

*b*를 앞에서 뒤로 *a*와 *d*에 감아 왼쪽 아래로
뺀다. *c*는 *b*와 좌우대칭으로 *a*와 *d*에 감아
오른쪽 아래로 뺀다.

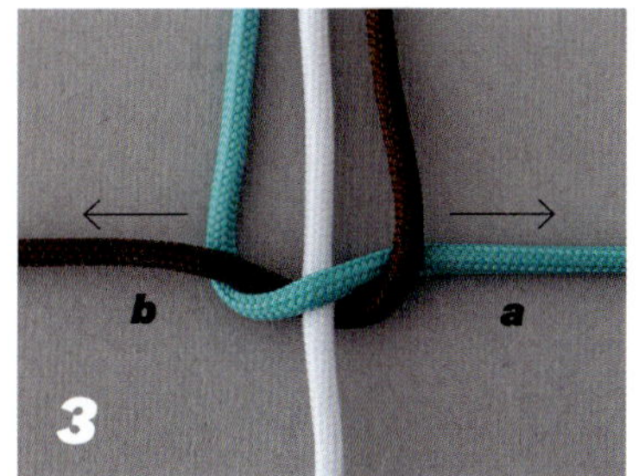

3

*a*와 *b*를 좌우로 당긴다.

7

왼쪽 끈을 중심 끈 위에 놓고 묶기를 반복하면
매듭이 점점 비틀린다.

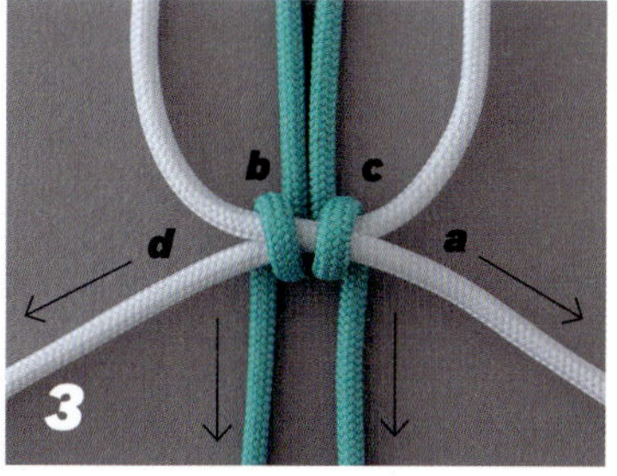

3

*b*와 *c*를 아래로 당기면 1회 완성이다. 느슨
해지기 쉬우므로 중심 끈 *a*와 *d*는 좌우로, *b*
와 *c*는 아래로 여러 번 당겨서 조인다.

첫 매듭(1회)을 완성했다. **1~3**을 반복한다.

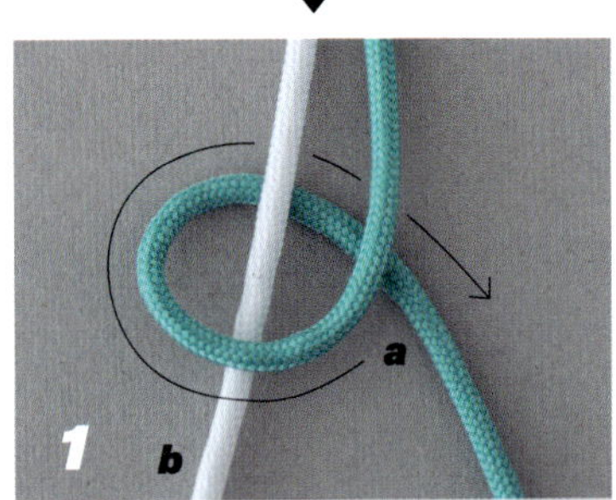

a를 **b** 위에서 아래로 감는다.

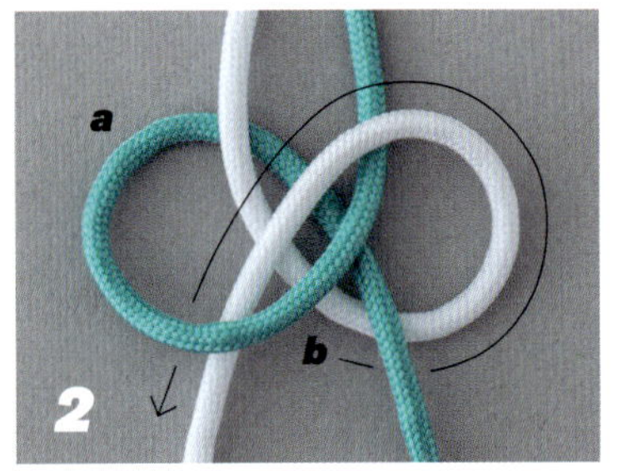

b를 **a** 아래에서 위로 빼 **a** 고리에 넣는다.

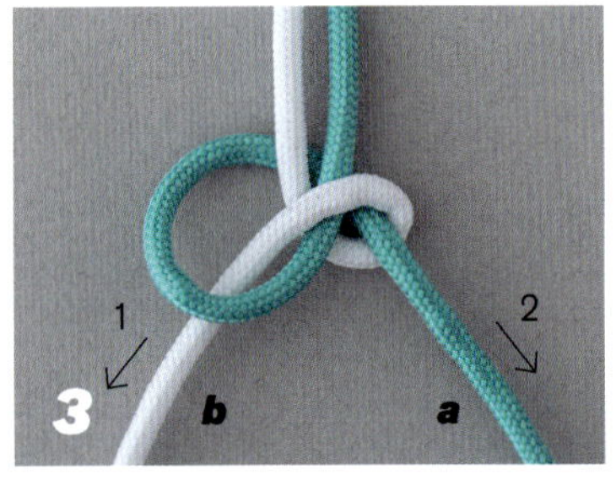

매듭을 만들고 싶은 위치에서 **b**를 먼저 조인 다음 **a**를 조인다.

중심 끈이 있는 스네이크 매듭

중심 끈의 좌우에 **a**와 **b**를 놓고, 스네이크 매듭과 같은 방법으로 묶는다.

중심 끈을 감싼 상태의 스네이크 매듭이 만들어진다.

지퍼 시넷 매듭(Zipper sinnet knot)

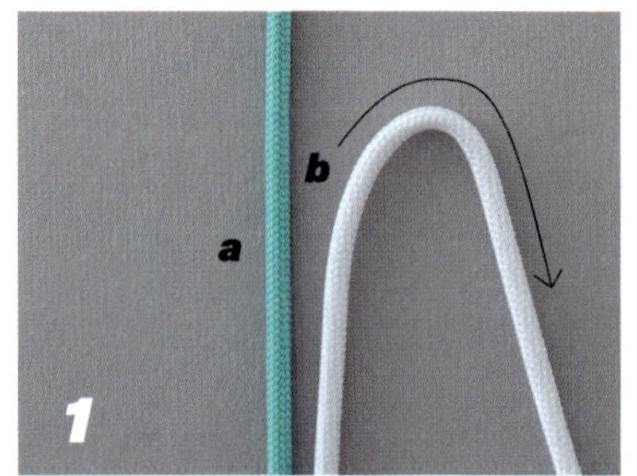

끝이 아래를 향하게 **a**와 **b**를 나란히 놓고, **b**를 아래쪽으로 접는다. 이 매듭은 아래에서 위 방향으로 진행한다.

b 고리에 위에서 아래로 **a**를 걸어서 접는다.

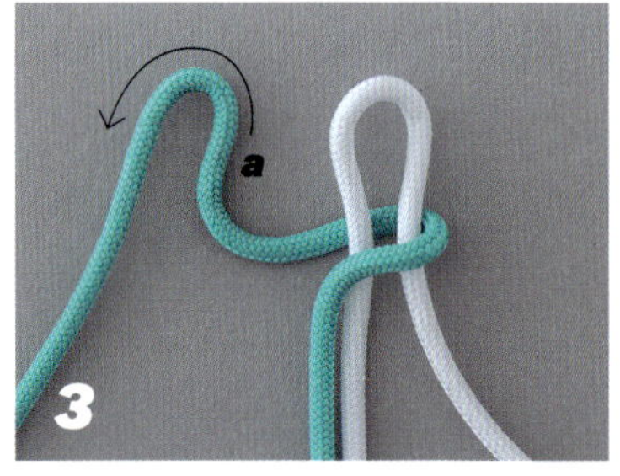

접은 **a**를 구부려서 **b** 고리와 비슷한 크기의 고리를 만든다.

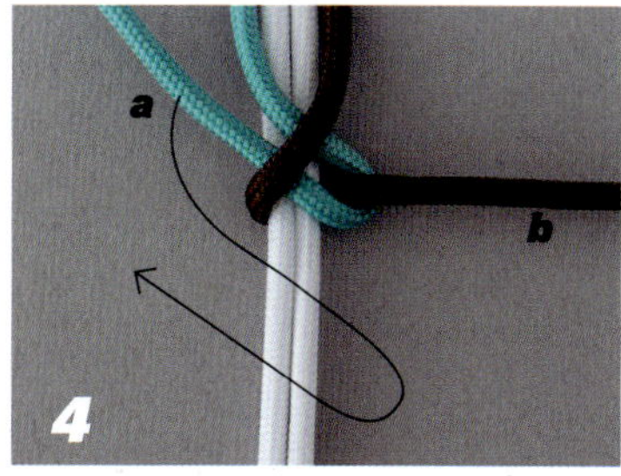

4

1과 마찬가지로 중심 끈 위에서 *a*를 구부려 고리를 만든다. 이때 이전의 *a*와 평행이 되게 한다.

4

b 고리에 *a* 고리를 끼우고 *b*를 당겨서 조인다.

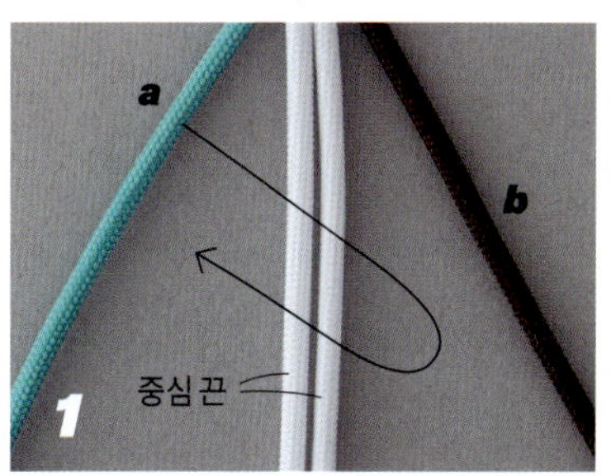

1

중심 끈 위에서 *a*를 구부려 고리를 만든다.

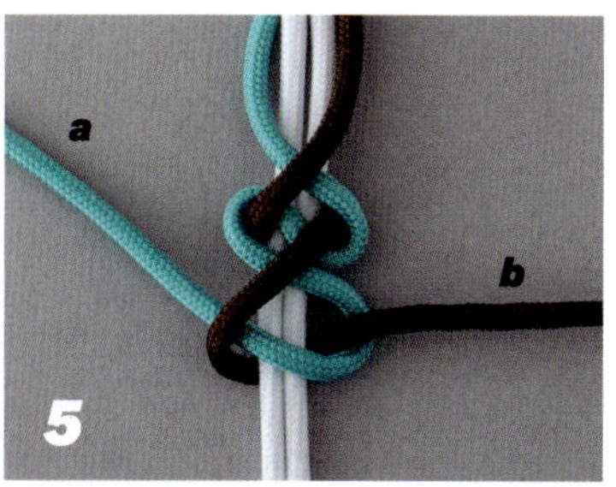

5

2와 마찬가지로 *b*를 *a* 위에 사선으로 겹치고, *a* 고리로 통과시킨다. 이때 이전의 *b*와 평행이 되게 한다.

5

*b*를 구부려서 *a* 고리와 비슷한 크기의 고리를 만든다.

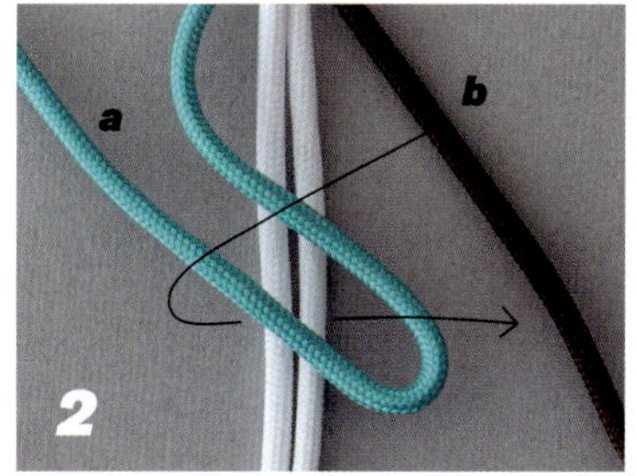

2

*b*를 *a* 위에 사선으로 겹치고, 중심 끈 아래를 지나 *a* 고리로 통과시킨다.

6

끈의 끝자락을 각각 당긴다. 마찬가지로 *a*는 비스듬히 위쪽으로, *b*는 옆으로 당긴다. 반복해 묶는다.

6

a 고리에 *b* 고리를 끼우고 *a*를 당겨서 조인다. 3~6을 반복하고 마지막에는 끈의 끝자락을 빼서 고리를 조인다.

3

끈의 끝자락을 각각 당긴다. *a*는 비스듬히 위쪽으로, *b*는 옆으로 당긴다.

7

뒤쪽은 *b*가 가로로 지난다.

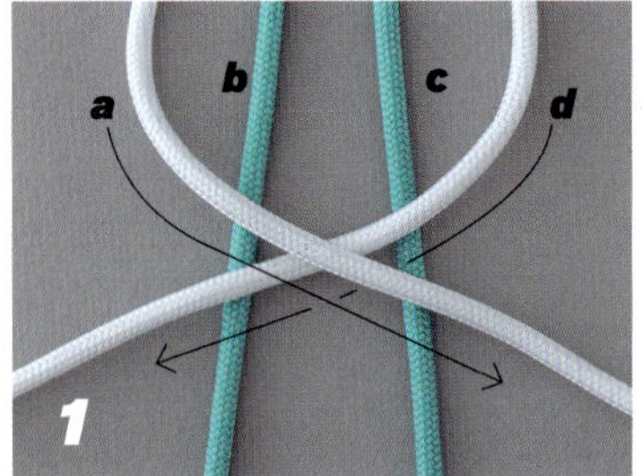

1

b와 **c** 앞쪽에서 **a**가 위로 가게 **a**와 **d**를 교차시킨다. **a**와 **d**가 중심 끈이 된다.

2

b를 앞에서 뒤로 **a**와 **d**에 감아 왼쪽 아래로 뺀다. **c**는 **b**와 좌우대칭으로 **a**, **d**에 감아 오른쪽 아래로 뺀다.

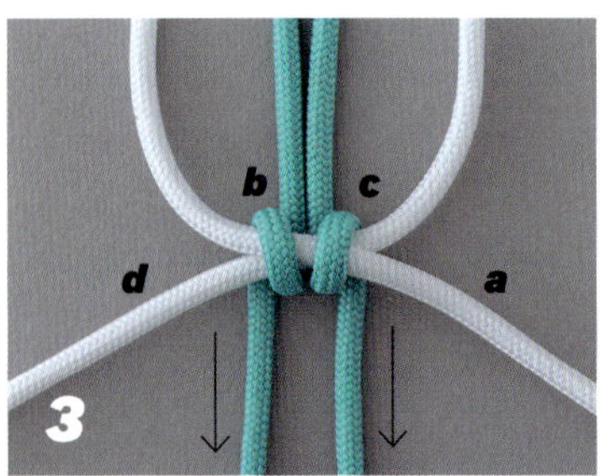

3

b와 **c**를 아래쪽으로 당긴다. 엔드리스 폴스 매듭(→ P.89)을 1회 묶은 것과 같다. 1번째 꽃잎이 만들어진다.

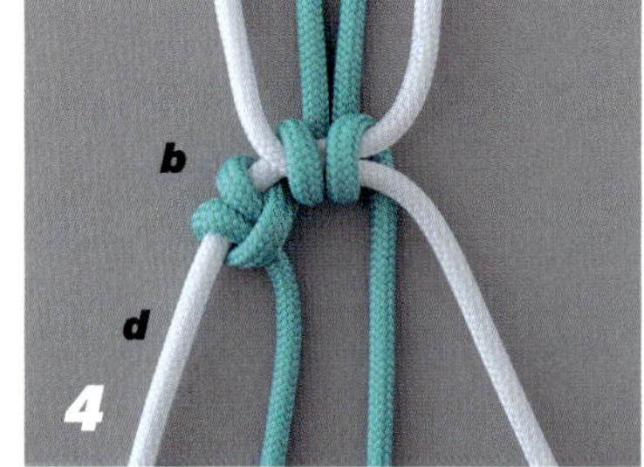

4

d를 중심 끈으로 해 **b**로 오른쪽 레이스 매듭(→ P.94 **1~3**)을 1회 묶는다. 2번째 꽃잎이 만들어진다.

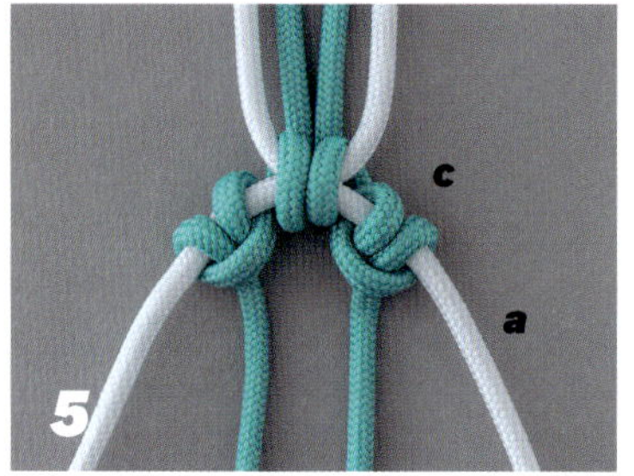

5

a를 중심 끈으로 해 **c**로 왼쪽 레이스 매듭(→ P.94 **4~6**)을 1회 묶는다. 3번째 꽃잎이 만들어진다.

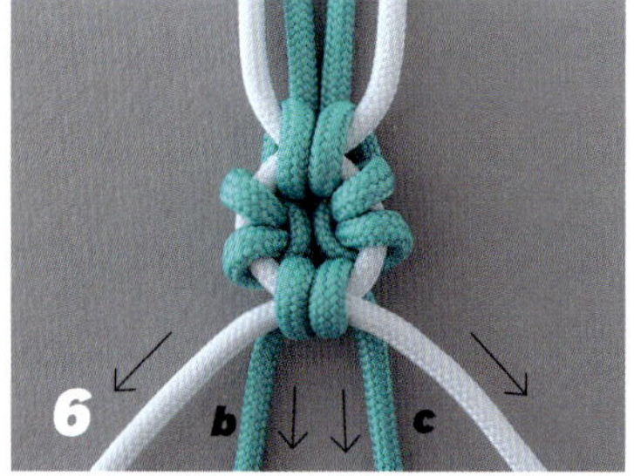

6

1~3을 반복해 4번째 꽃잎을 만들면 꽃매듭 1회를 완성한 것이다. **a**와 **d**를 좌우로, **b**와 **c**를 아래로 당겨 단단히 조이고 모양을 정돈한다.

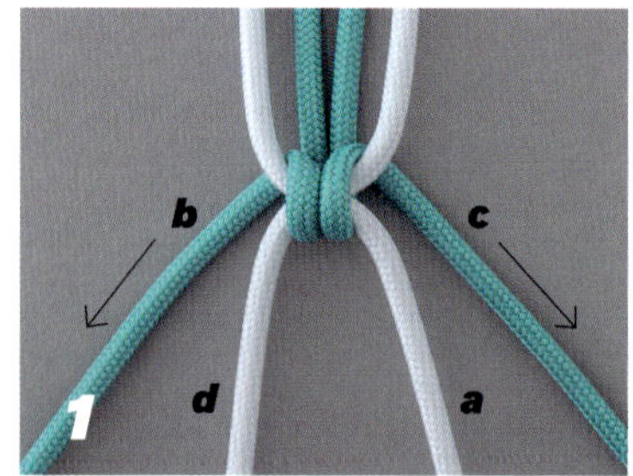

1

a와 **d**를 중심 끈으로 해 **b**와 **c**로 엔드리스 폴스 매듭(→ P.89)을 1회 묶는다. **a**와 **d**를 안쪽에, **b**와 **c**를 바깥쪽에 놓는다.

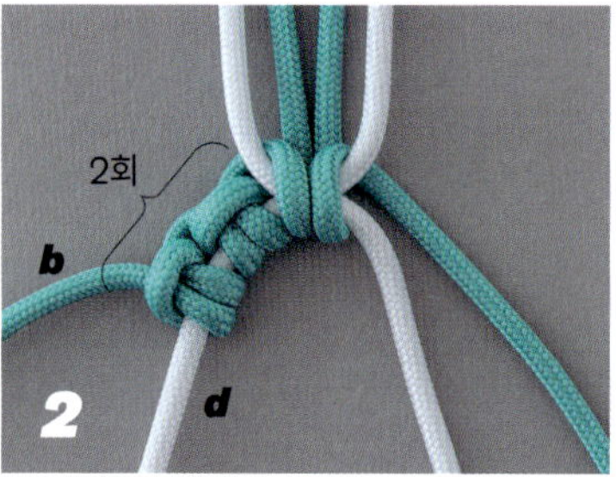

2

d를 중심 끈으로 해 **b**로 왼쪽 레이스 매듭(→ P.94 **4~6**)을 2회 묶는다. 2번째와 3번째 꽃잎이 만들어진다.

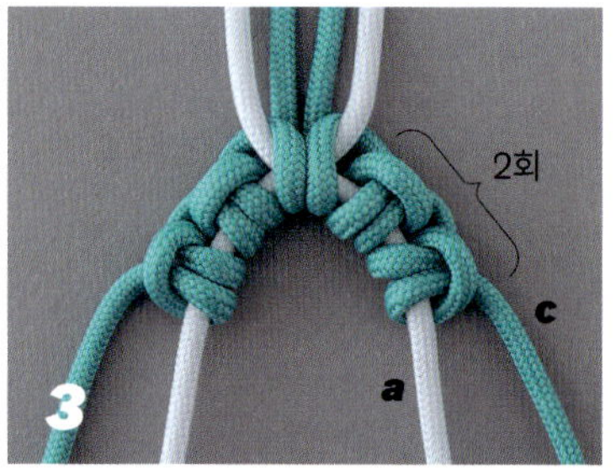

3

a를 중심 끈으로 해 **c**로 오른쪽 레이스 매듭(→ P.94 **1~3**)을 2회 묶는다. 4번째와 5번째 꽃잎이 만들어진다.

4

엔드리스 폴스 매듭을 1회 묶는다. **a**와 **d**를 좌우로, **b**와 **c**를 아래로 당겨 단단히 조이고 모양을 정돈한다.

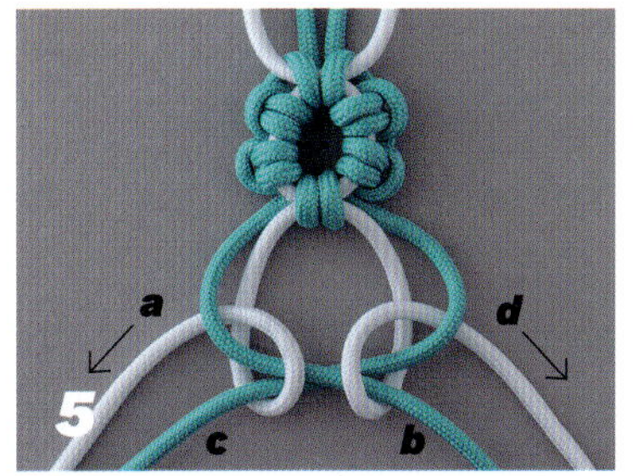

5

꽃 색깔을 바꿀 때는 **b**와 **c**를 중심 끈으로 해 **a**와 **d** 앞쪽으로 빼고 **b**가 위로 가게 교차한 다음 **a**와 **d**로 **1**과 같은 방법으로 묶는다.

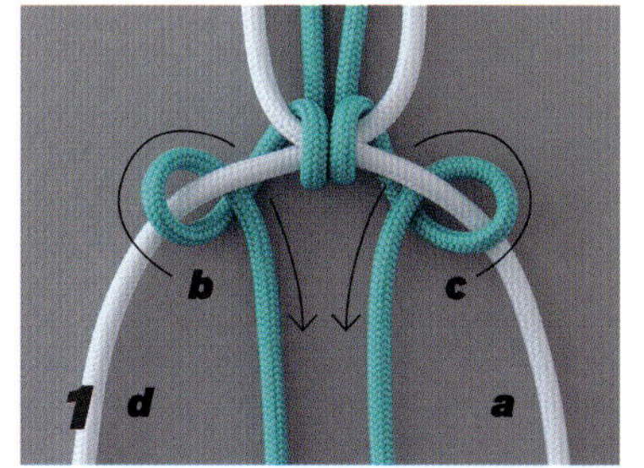

1

a와 **d**를 중심 끈으로 해 **b**와 **c**로 엔드리스 폴스 매듭(→ P.89)을 1회 묶고 **d**에 **b**를, **a**에 **c**를 앞에서 뒤로 감아 안쪽으로 뺀다.

4

c를 **b** 위로 빼서 **b** 고리에 앞에서 뒤로 감고, **b**와 **c** 사이로 통과시켜 오른쪽 위로 뺀다.

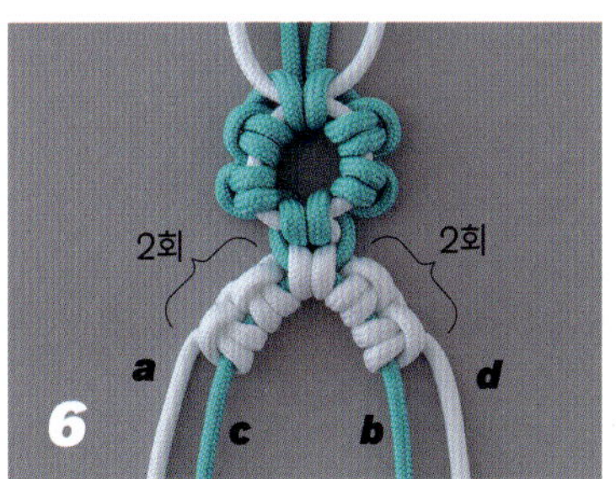

6

c를 중심 끈으로 해 **a**로 왼쪽 레이스 매듭을 2회, **b**를 중심 끈으로 해 **d**로 오른쪽 레이스 매듭을 2회 묶는다.

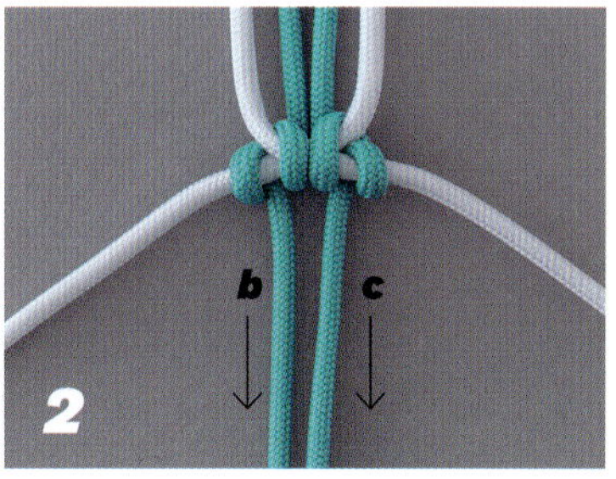

2

b와 **c**를 아래로 당겨 단단히 조인다.

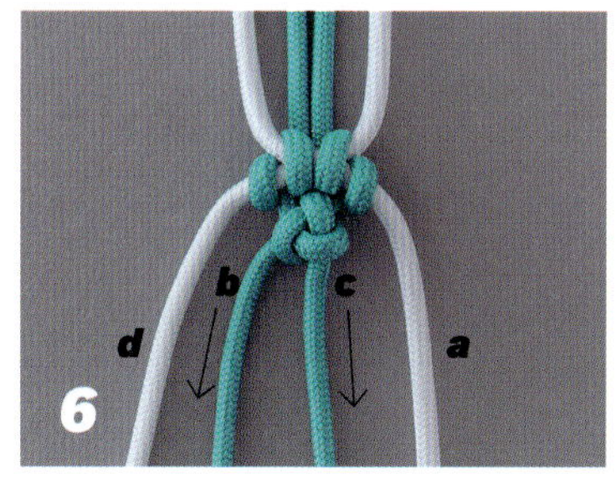

5

다시 **c**를 **b** 고리로 아래에서 위로 통과시켜 오른쪽 아래로 뺀다.

7

b와 **c**를 중심 끈으로 해 **a**와 **d**로 엔드리스 폴스 매듭을 1회 묶고 모양을 정돈한다.

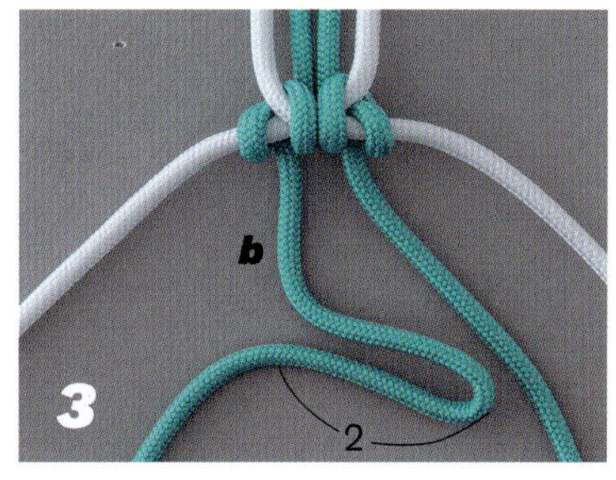

3

b를 접어서 오른쪽에 2cm 정도의 고리를 만든다.

6

b와 **c**의 느슨한 끈을 끝 쪽으로 밀어 단단히 조이면 중심에 매듭이 생긴다.

7

b와 **c**를 중심 끈으로 해 매듭 아래에 **a**와 **d**로 왼쪽 평매듭(→ P.86)을 1회 묶고 모양을 정돈한다.

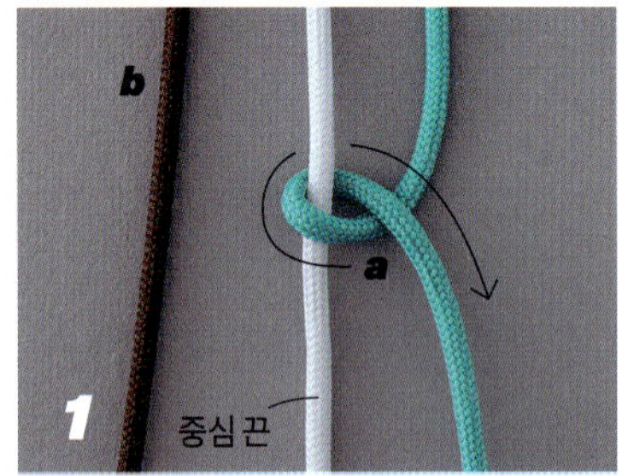

1 중심 끈

중심 끈에 **a**로 오른쪽 돌려엮기(→ P.84)를 1회 한다.

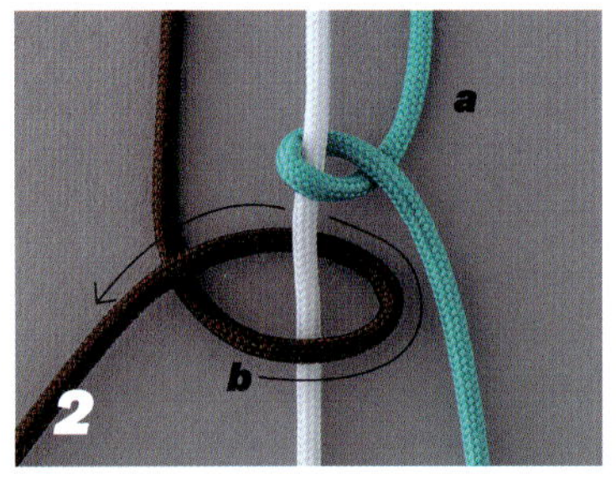

2

a의 오른쪽 돌려엮기 밑에서, **b**를 중심 끈 위에 놓고 중심 끈의 아래를 지나 **b** 위로 빼서 끈의 끝자락을 당긴다(왼쪽 돌려엮기).

3

1회를 완성했다. **1**~**2**를 반복해 묶는다.

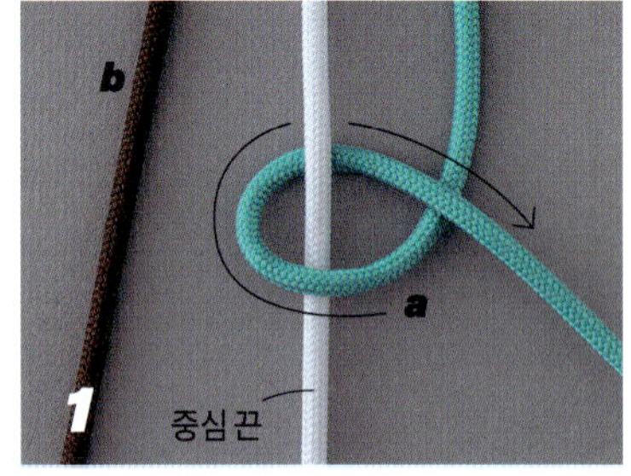

1 중심 끈

중심 끈 위에 **a**를 놓고 중심 끈 아래를 지나 **a** 위로 빼서 끈의 끝자락을 당긴다.

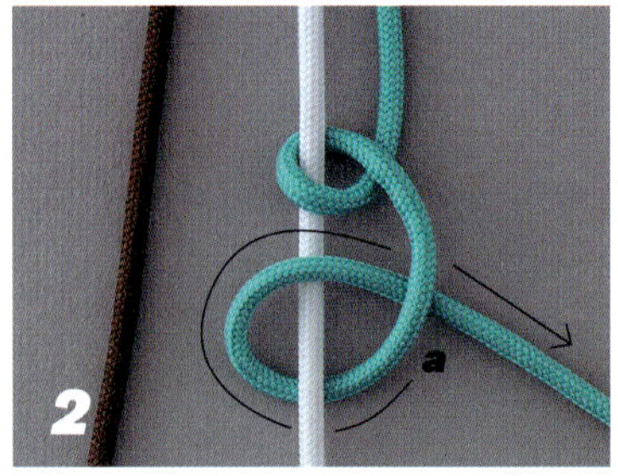

2

a를 중심 끈 아래로 넣고, 중심 끈의 위를 지나 **a** 아래로 통과시켜 끈의 끝자락을 당긴다.

3

a의 오른쪽 레이스 매듭 1회를 완성했다.

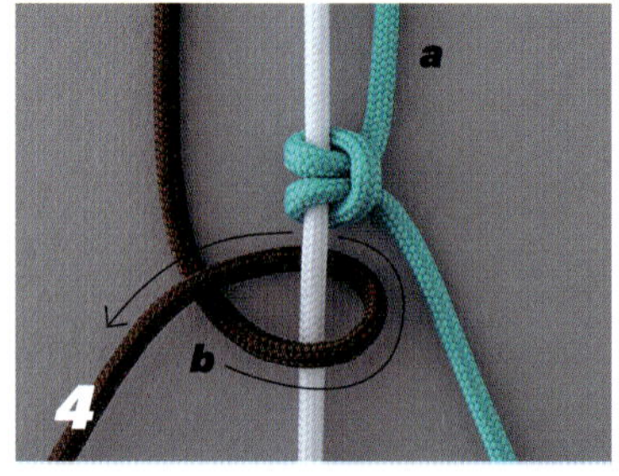

4

a의 오른쪽 레이스 매듭 밑에서, 중심 끈 위에 **b**를 놓고 중심 끈의 아래를 지나 **b** 위로 빼서 끈의 끝자락을 당긴다.

5

b를 중심 끈 아래에 넣고, 중심 끈의 위를 지나 **b** 아래로 빼서 끈의 끝자락을 당긴다.

6

b의 왼쪽 레이스 매듭을 1회 완성했다. 이것이 교차 레이스 매듭 1회이다. 이후도 왼쪽과 오른쪽을 번갈아 묶는다.

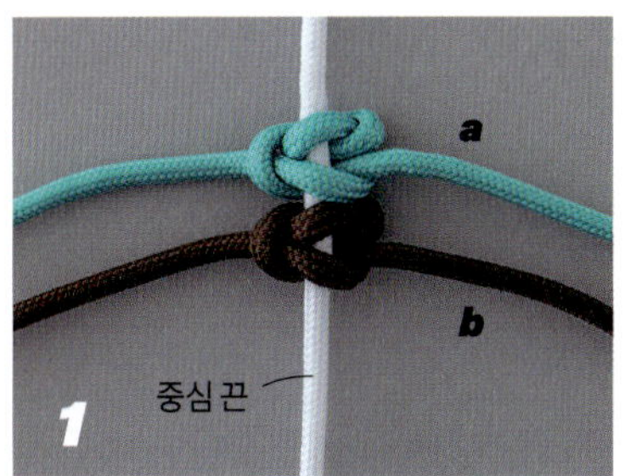

a, **b** 순으로 왼쪽 평매듭(→ P.86)을 1회씩 묶어서 **a**와 **b**를 중심 끈에 고정한다.

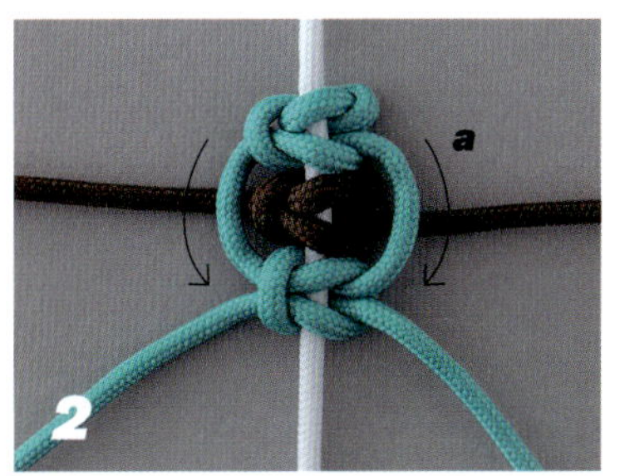

b를 좌우로 펼쳐두고 **a**를 위에서 당겨와 **a**로 왼쪽 평매듭을 묶는다.

a를 좌우로 펼쳐두고 **b**를 위에서 당겨와 **b**로 왼쪽 평매듭을 묶으면 1회 완성이다. 이후도 **a**와 **b**를 번갈아 묶는다.

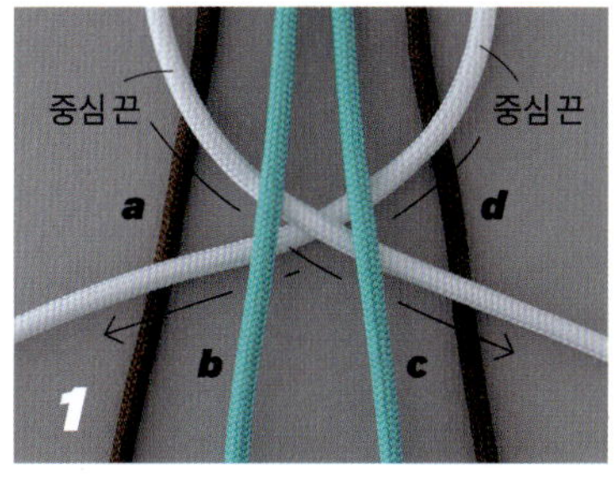

a와 **d**는 바깥쪽에, **b**와 **c**는 안쪽에 놓고, 사이에 중심 끈 2줄도 왼쪽 끈이 위로 가게 교차한다.

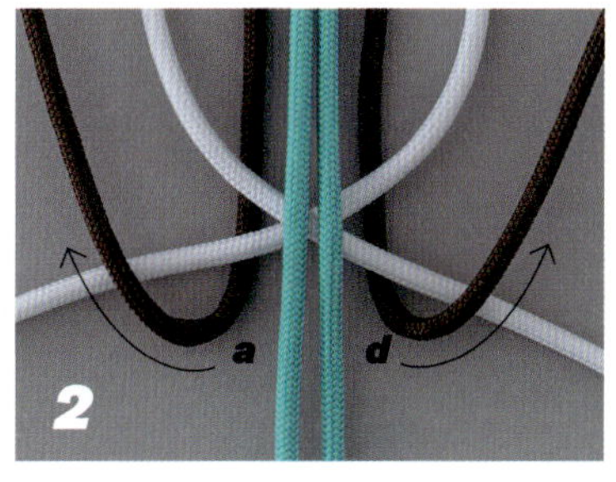

a와 **d**를 위로 들어 올린다.

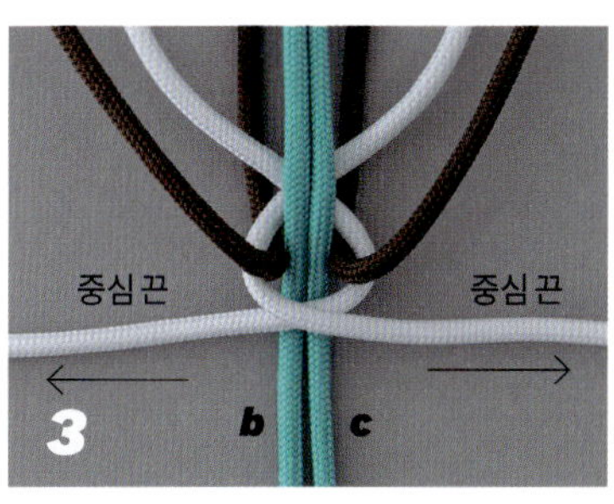

중심 끈을 **b**와 **c** 위에서 왼쪽 끈이 위로 가게 교차해 좌우로 당긴다.

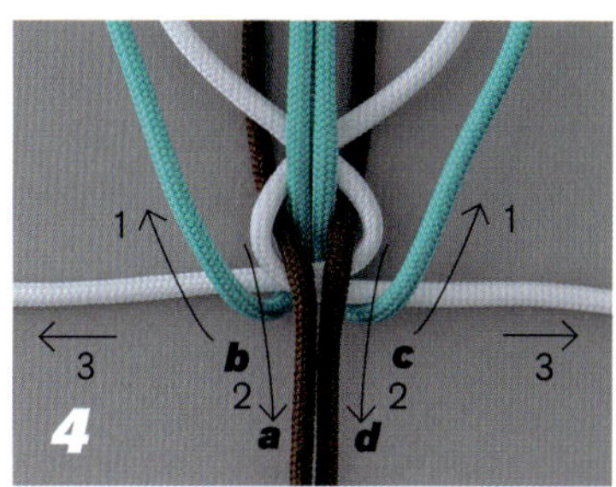

b와 **c**를 위로 들어 올리고 **a**와 **d**를 안쪽으로 내린다. 중심 끈을 좌우로 당겨 조인다.

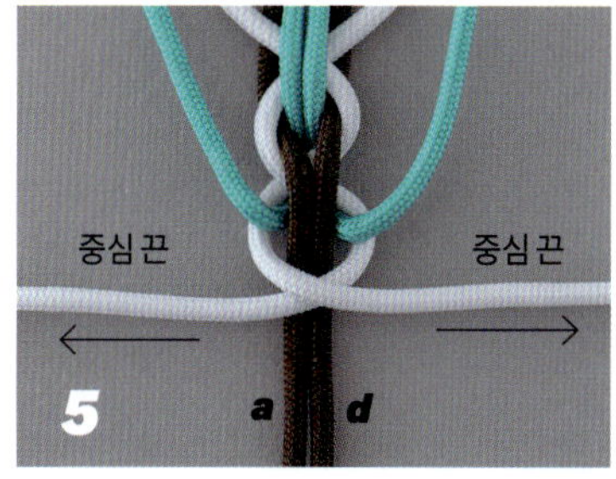

중심 끈을 **a**와 **d**의 위에서 왼쪽 끈이 위로 가게 교차시켜 좌우로 당긴다. **a**와 **d**의 하트를 완성했다.

2~3을 반복한다. **b**와 **c**의 하트가 만들어진다.

이후는 **4~5**, **2~3**을 반복한다. 중심 끈을 좌우로 바짝 당기는 것이 예쁜 하트를 만드는 비결이다.

메르헨 아트 스튜디오

마크라메를 비롯하여 매듭과 관련된 기획·제안을 하며 액세서리에서부터 인테리어, 패션 잡화에 이르기까지 다양한 아이템을 전개하고 있다. 면, 마 등의 천연 소재는 물론, 가죽, 아웃도어 코드, 로프를 사용하여 전국 각지에서 워크숍을 개최하는 한편, 책 등에 작품을 발표하며 매듭의 보급에 힘쓰고 있다.

이 책의 재료인 로프, 코드, 연결 부속, 금속 부자재 등은 수예점이나 홈센터, 메르헨 아트 스토어, 온라인 쇼핑몰에서 구입할 수 있습니다.

메르헨 아트

우130-0015 도쿄도 스미다구 요코아미 2-10-9

http://www.marchen-art.co.jp

instagram @marchen_art

북 디자인: 나카시마 미카

촬영: 야스다 요스이(문화출판국)

교열: 미네코보

편집: 가사이 요시코, 미스미 사야코(문화출판국)

* 본서에서 소개한 작품의 전부 또는 일부를 상품화, 복제 반포 및 콩쿠르 등의 응모 작품으로서 출품하는 것은 금지되어 있습니다.

옮긴이 강수현

어릴 때부터 엄마가 직접 떠 준 스웨터를 입고 자라고, 중학교 수예부를 시작으로 수예에 입문하였다. 어른이 되어서는 문화센터와 학원에서 손뜨개, 옷 만들기 등을 배우며 취미로 즐기다가, 현재는 바른번역에서 수예 전문 번역가로 활동 중이다. 옮긴 책으로는 《매일 입고 싶은 남자 니트》, 《겨울 손뜨개 가방》, 《코바늘 연속 모티브 패턴집》, 《코바늘 연속 모티브 패턴집 2》, 《히구치 유미코의 자수 시간》, 《양모 펠트 플라워 40》, 《손뜨개 아틀리에 31》, 《쉽게 배우는 모티브 뜨기의 기초》, 《코바늘로 뜨는 우아한 손뜨개 꽃》 등이 있다

"PARACORD STRAP 100" by Marchen Art studio
Copyright © Marchen Art 2025

All rights reserved.
Original Japanese edition published by EDUCATIONAL FOUNDATION BUNKA GAKUEN BUNKA PUBLISHING BUREAU
This Korean edition is published by arrangement with EDUCATIONAL FOUNDATION BUNKA GAKUEN BUNKA PUBLISHING BUREAU, Tokyo in care of Tuttle-Mori Agency, Inc., Tokyo
through Botong Agency, Seoul.

파라코드 매듭 스트랩 100

1판 1쇄 인쇄 2026년 4월 14일
1판 1쇄 발행 2026년 4월 21일

지은이 메르헨 아트 스튜디오
옮긴이 강수현
펴낸이 김기옥

실용본부장 박재성
실용1팀 이소정
마케터 서지운
지원 고광현, 김형식

디자인 푸른나무디자인
인쇄·제본 민언프린텍

펴낸곳 한스미디어(한즈미디어(주))
주소 121-839 서울시 마포구 양화로 11길 13(서교동, 강원빌딩 5층)
전화 02-707-0337   **팩스** 02-707-0198
홈페이지 www.hansmedia.com
출판신고번호 제 313-2003-227호
신고일자 2003년 6월 25일

ISBN 979-11-24272-28-2 13630

책값은 뒤표지에 있습니다.
잘못 만들어진 책은 구입하신 서점에서 교환해 드립니다.